Charles and Mary Lamb

A Midsummer Night's Dream & Other Stories

한여름 밤의 꿈 외

Retold by James McNaughton

발 행 인	민선식
펴 낸 곳	**THE TEXT** A YBM COMPANY
초판발행	2007년 7월 31일
5쇄발행	2015년 8월 27일
등록일자	2012년 4월 12일
등록번호	제 300-2012-60호
	서울시 종로구 종로 104
	TEL (02) 2000-0515
	FAX (02) 2271-0172
Copyright	©2007 THETEXT
ISBN	978-89-92228-65-7
인터넷 홈페이지	http://www.ybmbooks.com

THETEXT의 허락 없이 이 책의 일부 또는 전부를 무단 복제, 전재, 발췌하는 것을 금합니다.
*낙장 및 파본은 교환해 드립니다. 구입 철회는 구매처 규정에 따라 교환 및 환불 처리됩니다.

머 리 말

21세기 현대 생활 전반에서 영어는 큰 비중을 차지하고 있으며, 영어 실력은 한 사람을 평가하는 중요한 척도로 자리 잡았습니다. 영어 실력을 배양하기 위해서는 완전하면서도 자연스러운 원어민의 말과 글을 많이 접하고 느껴야 합니다.

이를 위해 YBM/Si-sa 가족인 THE TEXT는 세계 문학사에 빛나는 작품들을 엄선하여 The Classic House를 펴내게 되었습니다. 세계적인 명작들은 숨가쁜 현대를 살아가는 우리들에게 글 읽기의 즐거움과 함께 그 심오한 사고의 깊이로 시대를 초월한 감동을 선사합니다.

그러나 이들 문학 작품들이 탄생한 시대의 문체와 현대의 문체 사이에는 큰 차이가 있어서 영어를 사랑하는 사람들도 접근하기가 힘든 점이 있습니다. 이에 THE TEXT는 원작의 내용을 그대로 살리면서 보다 쉽고 간결한 문체로 원작을 재구성하여, 독자 여러분이 명작의 감동을 그대로 느끼면서 현대 영어를 자연스럽게 체득할 수 있도록 배려하였습니다.

The Classic House가 독자 여러분의 영어 실력 향상뿐 아니라 풍부한 정서 함양과 문학적, 문화적 교양을 배양하는 데 큰 도움이 되기를 기대합니다.

이 책의 특징

폭넓은 독자층 대상 고등학생, 대학생, 일반 성인 등 다양한 독자들이 쉽게 접근할 수 있는 영어 수준으로 구성하였습니다. 부담 없이 읽는 가운데 영어실력이 향상됩니다.

읽기 쉬운 현대 영어로 전문 재구성 영어권 작가들이 원작의 분위기와 의도를 최대한 살려서, 고전적인 문체와 표현을 현대 영어로 바꿔 이해하기 쉽게 다시 집필하였습니다.

친절한 어휘해설 및 내용설명 오른쪽 페이지의 주해(Footnotes)를 통해, 본문 어휘풀이뿐 아니라 내용 이해에 필요한 상황설명과 문화정보(Cultural tips)도 함께 제공합니다.

유려한 우리말 번역 영어 본문 뒤에 「명작 우리글로 다시읽기」를 실었습니다. 훌륭한 번역서의 기능을 하며, 해당 영문의 페이지도 표시하여 찾아보기 쉽도록 하였습니다.

본문 표현을 활용한 생활영어 권말에는 「명작에서 찾은 생활영어」가 있습니다. 영어 본문에서 생활영어로 활용 가능한 표현이나 문장을 뽑아 상세한 해설과 함께 실었습니다.

원어민이 녹음한 MP3 file www.ybmbooks.com에서 원어민이 영문을 낭독한 MP3 파일을 무료로 다운로드 받아 읽기 능력뿐 아니라 듣기 능력과 발음이 향상되도록 하였습니다.

이 책의 활용법

Listening Casually 본격적으로 책을 읽기에 앞서 MP3 파일을 들으면서 책의 내용을 추측해 봅니다. 들리지 않는 단어가 나오더라도 본문을 참고하지 않도록 합니다.

Reading Through 영어 본문을 본격적으로 읽습니다. 문장을 읽다 간혹 모르는 단어가 나오더라도 멈추지 않고 이야기의 흐름을 파악하는 데 중점을 두면서 읽습니다.

Reading Carefully 오른쪽 페이지 하단의 주해와 책 말미에 있는 「명작 우리글로 다시읽기」를 참고하여 문장의 정확한 의미 파악에 주력하며 다시 한번 영문을 읽습니다.

Listening Carefully 상기한 3단계를 거치며 영문의 의미를 파악한 다음, 이전에 들리지 않았던 영문이 완전히 들릴 때까지 MP3 파일을 반복해서 청취합니다.

Speaking Aloud MP3 파일을 자신이 따라할 수 있는 속도로 조절해 가면서 원어민의 발음, 억양, 어투 등에 최대한 가깝게 발성하면 회화에 큰 도움이 됩니다.

Speaking Fluently 「명작에서 찾은 생활영어」를 통해 실생활에 유용하게 쓰일 수 있는 회화 표현들을 자연스럽게 익혀 유창하게 말할 수 있도록 합니다.

저자소개

**찰스 램(Charles Lamb) 영국, 1775~1834,
메리 램(Mary Lamb) 영국, 1764~1847**

찰스 램은 영국이 낳은 저명한 수필가이며 문학비평가이다. 런던에서 태어나 빈민층 자제들을 위한 학교를 마친 그는 1796년 낭만파 시인인 콜리지(Samuel Taylor Coleridge, 1772~1834, 영국)의 시집을 통해 작가로 정식 등단했다.

1807년, 램은 문필가 고드윈(William Godwin, 1756~1836, 영국)의 요청에 따라, 누나 메리와 합작으로 셰익스피어(William Shakespeare) 희곡을 서술문 형태로 옮긴「셰익스피어 이야기(Tales from Shakespeare)」를 집필하였다. 1808년에는「율리시스의 모험(The Adventures of Ulysses)」을 발표했고 이듬해에는 다시 메리와 함께「레스터 선생의 학교(Mrs. Leicester's School)」를 집필하였다. 그 후, 45세인 1820년부터「런던 매거진(London Magazine)」에 기고하기 시작한「엘리아의 수필(Essays of Elia)」로 세계적인 작가의 반열에 올랐다.

어려운 환경을 딛고 위대한 작가가 되었지만 찰스 램의 인생은 끝까지 순탄치 않았다. 1830년 이후 누나 메리를 괴롭히던 정신병이 악화되었고 본인 역시 건강이 나빠졌다. 평생 독신으로 살면서 누나를 돌봤던 그는 결국 1834년, 메리보다 13년 먼저 세상을 떠났다.

작품소개

1807년 찰스와 메리 램 남매는 영국이 자랑하는 대문호 윌리엄 셰익스피어의 주요 희곡을 이야기 형태로 다시 구성한 「셰익스피어 이야기」를 발표하였다. 이 작품은 어린이들도 쉽게 접할 수 있도록 복잡한 플롯을 간결화하면서도 원작이 가진 감동과 아름다움은 그대로 살려, 그 자체로도 고전으로 평가 받는 수작이다.

본서에서는 「셰익스피어 이야기」에 실려 있는 20편의 이야기 가운데, 셰익스피어의 희극 중 가장 많이 알려진 「한여름 밤의 꿈(A Midsummer Night's Dream)」과 「베니스의 상인(The Merchant of Venice)」을 포함한 5편을 수록하였다.

「한여름 밤의 꿈」이 엇갈린 사랑에 방황하는 젊은 연인들과 이를 지켜보는 요정들이 펼치는 환상적인 밤의 유희를 그리고 있다면, 「베니스의 상인」에서는 악덕 고리대금업자와 그에게 목숨을 담보로 맡기고 친구를 위해 돈을 빌린 선량한 상인 간의 법정 공방이 실감나게 펼쳐진다. 기가 센 여인을 순종적인 아내로 길들이는 남편의 이야기인 「말괄량이 길들이기(The Taming of the Shrew)」에서는 셰익스피어 특유의 익살이 두드러지는 한편, 「십이야(Twelfth Night, or What You Will)」와 「좋으실 대로(As You Like It)」는 젊은 연인들의 낭만적인 구애 과정이 서정적으로 녹아 있는 작품이라고 할 수 있다.

작·품·이·해·하·기

한여름 밤의 꿈 A Midsummer Night's Dream

셰익스피어 희극을 대표하는 작품으로, 아테네 교외의 한 숲 속에서 하룻밤 동안 펼쳐지는 젊은 네 남녀의 연애행각과, 이에 개입하여 아찔한 장난을 치는 숲 속 요정들의 이야기가 꿈결처럼 펼쳐진다. 변덕스럽고 덧없는 사랑에 매달려 우왕좌왕하는 인간들을 조롱하면서도 내심 영원한 사랑이 이루어지기를 바라는 요정들을 통해, 인간에게 주어진 가장 큰 과제인 사랑의 실체를 낭만적으로 표현하고 있다.

베니스의 상인 The Merchant of Venice

친구 밧사니오(Bassanio)를 위해 악덕 유대인 고리대금업자 샤일록(Shylock)에게 빚보증을 섰다가 위약금으로 자신의 가슴살 1파운드를 내놓아야 하는 절체절명의 위기에 처한 안토니오(Antonio). 그가 서명한 차용증서의 시행여부를 놓고 재판이 벌어지는 가운데, 법관으로 변장하고 법정에 나타난 여주인공 포샤(Portia)가 놀라운 기지로 위기일발의 상황에서 안토니오의 목숨을 구한다. 셰익스피어 희극 중 강렬한 권선징악의 이야기 구조가 돋보이는 작품으로, 르네상스 시대 유럽인들이 동경했던 학식과 아름다움을 두루 겸비한 여성상과 함께, 당시 기독교인들의 반유대 정서를 엿볼 수 있다.

말괄량이 길들이기 The Taming of the Shrew
이름난 부잣집 딸이지만 불 같은 성격과 독설로 악명높은 캐서리나(Katherina)에게 어느 날 갑자기 나타난 구혼자 페트루키오(Petruchio). 두둑한 지참금과 양순한 아내라는 두 마리 토끼를 좇는, 아내 길들이기 작전이 유쾌하게 펼쳐지는 이 작품에는 선과 악의 기준도 개인이 처한 상황에 따라 적응하기 나름이라는 역설적 해학이 녹아 있다.

십이야 Twelfth Night, or What You Will
셰익스피어가 크리스마스로부터 12일째 밤인 십이야 무렵 영국을 방문한 이탈리아 공작을 위해 쓴 이 작품은, 난파사고로 헤어진 쌍둥이 남매와 이들을 동일인물로 착각하는 주변인물들이 벌이는 해프닝을 다루고 있다. 불행한 사건이 오히려 큰 행운의 계기가 되는 새옹지마의 결말이 흥미로운 작품이다.

좋으실 대로 As You Like It
귀족들의 권력다툼과 풍류를 궁정에서 숲으로 그 배경을 옮겨 담아낸 작품이다. 궁정에서 추방된 대공과 그 신하들이 목가적인 삶을 사는 아덴 숲을 배경으로, 분쟁과 화해, 연애와 가족애의 드라마가 흥미롭게 펼쳐진다.

CONTENTS

1. A Midsummer Night's Dream ········· 14
2. The Merchant of Venice ············· 48
3. The Taming of the Shrew ············· 86
4. Twelfth Night, or What You Will ······ 120
5. As You Like It ···················· 152
명작 우리글로 다시읽기 ····················188
명작에서 찾은 생활영어 ····················274

A Midsummer Night's Dream

Love is momentary as a sound,

swift as a shadow,

and short as any dream.

CHARACTERS

Humans

Theseus *Duke of Athens*
Hippolyta *Theseus's fiancée*
Egeus *an Athenian nobleman*
Hermia *Egeus's daughter, a maiden in love with Lysander*
Lysander *a young man in love with Hermia*
Demetrius *a young nobleman in love with Hermia*
Helena *Hermia's friend, a maiden in love with Demetrius*
Bottom *a clown*

Fairies

Oberon *King of the fairies*
Titania *Queen of the fairies*
Puck (Robin Goodfellow) *Oberon's follower*
Pease-blossom
Cobweb
Moth
Mustard-seed
} *Titania's followers*

Part 1

At the time this story begins there were many parties in Athens to celebrate the forthcoming marriage of the Duke* of Athens, Theseus,* and his fiancée,* Hippolyta. The marriage was due in four days, and both the couple and the citizens of Athens were all very happy.

But one old nobleman, named Egeus, was not happy, and he came to see Theseus. He wanted his daughter, Hermia, to marry a nobleman named Demetrius, but she refused. She loved another man, named Lysander. Hermia told the duke that she could not obey her father because Demetrius had confessed his love for her dear friend Helena, and that Helena loved Demetrius madly* in return.* This honorable reason, which Hermia gave for not obeying her father's command, had not moved the stern* Egeus.

---

duke 대공; 공국의 왕 Theseus 테세우스: 그리스 신화에 나오는 아테네의 영웅
fiancée 약혼녀 madly 열렬히 in return (상대방과) 마찬가지로 stern 완고한

There was a law in the city of Athens that a daughter had to marry the man her father had chosen to be her husband; if the daughter refused to marry the man, the father was empowered by this law to either put her to death,* or have her give up the company of* men forever. Theseus was a fair man but he could not change the laws of Athens. He said to Hermia:

"You have two choices: either to die, or to join a nunnery* and forever give up the company of men. You are young, fair Hermia, so think carefully whether you should disobey your father. Can you wear the simple clothes of a nun, and live shut up in a shady convent? Can you be a childless sister all your life, chanting faint hymns to the cold and barren moon?"

"I would rather die an old nun, my lord, than* give myself to Demetrius," said Hermia.

"Take time to* think," said Theseus. "By the wedding day of Hippolyta and me, you must decide whether to obey your father and wed Demetrius, or die, or become a nun and live a simple and single life."

Hermia went to her lover Lysander and told him the danger she was in if she didn't marry

Demetrius in four days. Lysander was very upset to hear this. And it seemed to him that lovers always had terrible problems. He said:

"I have never read, or heard by tale or history, that the course of true love did run smoothly. Sometimes it was the difference in social standing*..."

"O!" cried Hermia, "too high to be married to low!"

"Or else the age difference was too great," said Lysander.

"O!" cried Hermia, "too old to be engaged to young!"

"Or parents made the choice," said Lysander.

"O!" cried Hermia, "how awful to have love chosen by another's eyes!"

"Or if the choice of the lovers was good," continued Lysander, "war, death, or sickness ruined everything. Their love is momentary* as a sound, swift as a shadow, and short as any dream. It is brief as a bolt of lightening* that connects heav-

---

put... to death ···을 사형에 처하다 the company of ···을 사귐 nunnery 수녀원(= convent) would rather A than B B하느니 차라리 A하겠다 take time to 시간을 들여 (천천히) ···하다 social standing 사회적 위치 momentary 찰나의 a bolt of lightening 한 차례의 번개

en and earth and is gone before someone can say, 'Look!' It seems that lively and bright things must come to a dark end."

"Yes, if it is the destiny of true lovers to be crossed in their love,* " said Hermia, "we must be patient, because this problem is as much a part of love as thoughts, dreams, sighs, wishes, and tears."

Then Lysander remembered his aunt who lived some distance from Athens, where the cruel marriage law could not be put in force* against them. He suggested that they both run away from their parents' houses that night, and go to his aunt's house where they could get married.

"I will meet you," said Lysander, "in that delightful wood a few miles from the city, where we so often walked with your friend Helena in the pleasant month of May."

Hermia joyfully agreed. She and Lysander went to tell Helena of their intended escape.

They found Helena in miserable spirits.* She was upset that Demetrius had recently fallen out of love with* her and fallen in love with Hermia. Hermia felt sorry for* her friend, and said:

"I frown at* him, but he still loves me."

"I wish that my smiles were as successful as your frowns!" replied Helena.

"I give him curses," said Hermia, "but he gives me love."

"I wish that my prayers were that effective!" said Helena.

"The more I hate him," said Hermia, "the more* he follows me."

"The more I love him, the more he hates me," said Helena.

"His mistake, Helena," said Hermia, "is not my fault."

"Your beauty is your only fault," said Helena, "I wish that fault was mine!"

"Cheer up,*" said Hermia. "He won't see my face any more after Lysander and I leave. It's funny what love can do – I used to think Athens was like paradise, but love has turned it into hell."

Lysander said, "Helena, this is our plan. Tomorrow night when the moon rises, Hermia

---

be crossed in one's love 사랑에서 좌절을 겪다 be put in force (법이) 시행되다 in miserable spirits 비참한 기분인 fall out of love with …에 대한 사랑이 식다 feel sorry for …을 불쌍히 여기다 frown at …에게 얼굴을 찌푸리다 the more A, the more B A할수록 B하다 Cheer up. 기운 내.

A Midsummer Night's Dream | 19

and I will escape from Athens."

"Lysander and myself will meet in the wood where you and I often went to lie in the wild flowers and talk," said Hermia. "We will leave Athens to find new friends and adventures. So farewell, sweet friend. May good luck return Demetrius to you!"

"Good bye Helena," said Lysander, "I hope Demetrius comes to love you as much as you love him."

The lovers then left, leaving Helena alone and still miserable. She said to herself:

"Everyone in Athens thinks I am as fair as Hermia, but it means nothing because Demetrius doesn't think so. He is mistaken to* admire Hermia, and I am mistaken to keep admiring him. But love can transform bad and ugly things to beauty and dignity. Love looks not with the eyes, but with the mind. Winged Cupid* must be flying blind, and too fast to make sensible choices. Before Demetrius saw Hermia he swore that he was only mine. I will go and tell him of Hermia's escape. Then he will chase after her in the wood and learn that she loves Lysander. It will cause us all pain, but I want him to have his sight back and see me again."

Part 2

Lysander and Hermia didn't know that the wood they arranged to meet in was full of fairies. This was where Oberon and Titania, the king and queen of the fairies, and all their little followers held their midnight parties.

However, at this time, this little king and queen of spirits were having a disagreement.* They would shout at each other till all their elves* became so frightened that they would creep into acorn cups* and hide. They were arguing because Titania refused to give Oberon a little orphan Indian boy he wanted as a page.*

The night on which the lovers were to meet in the wood, Titania went out walking with her maids of honor.* She ran into* Oberon who was

---

be mistaken to …하는 것은 실수다 winged Cupid 날개 달린 큐피드: 로마신화에 나오는 사랑의 신 have a disagreement 다투다 elf 꼬마요정 acorn cup 도토리 깍정이; 도토리 밑부분의 종지 모양의 껍질 page 시동 maid of honor 시녀 run into …와 마주치다

with his fairy courtiers.*

"Jealous Oberon," she said, "is that you? My fairies, let us leave, I do not like his company."

"Wait a moment," said Oberon, "I am your lord. Why do you fight with me? Give me your little Indian boy to be my page."

"Your whole fairy kingdom could not buy this boy from me," replied the queen. "His mother was a friend of mine. In the warm Indian nights we often sat on the sandy beach and gossiped, watching ships leave and arrive. We laughed to see the sails* grow big-bellied with wind,* because she was pregnant with this boy, and she would prettily imitate the ships by walking to find me little gifts, and return again as if rich with* merchandise. But she was mortal and died giving birth to the boy. So, for her I will look after this boy, and for her I will never part with him."

"Good bye then," said Oberon, "before dawn you will be sorry."

Oberon then sent for Puck, his favorite fairy. Puck (sometimes called Robin Goodfellow*) was a mischievous fairy, who used to play pranks* in the neighboring villages. Sometimes he would plunge into the butter-churn* and keep the cream from changing into butter. Whenever Puck chose to fool around at the brewer's,* the ale* was sure to be spoiled. When a few good neighbors met to drink some ale together, he would take the shape of a crab and sit in an old woman's ale to scare her. Then after she had spilled all her ale in fright, he would move away her chair so she fell on the ground. The poor old woman's friends would laugh till they cried.

"Come here, Puck," said Oberon to this merry little wanderer of the night. "Fetch me the flower which maids call 'Love-in-Idleness.*' If the juice of that little purple flower is laid on the eyelids of a sleeping person, it will make the person fall in love with the first thing he sees. I will drop some of the juice of that flower on the eyelids of my Titania when she is asleep. She will fall in love with a lion, a bear, a monkey or an ape or whatever she sees when she wakes up. Then before I take the spell off her I will make her

---

courtier 궁정 신하 sail (배의) 돛 big-bellied with wind 바람으로 불룩한 rich with …로 가득한 Robin Goodfellow 로빈 굿펠로; 영국 민화에 나오는 요정 play pranks 장난치다 butter-churn 버터 제조용 교반기 brewer's 양조장 ale 에일; 맥주의 일종 love-in-idleness 제비꽃

give me that boy to be my servant."

Puck loved making mischief, and ran off happily to find the flower for his master. While Oberon was waiting for Puck to return, he saw Demetrius and Helena enter the wood. Demetrius was angry with Helena for following him. He threatened her by saying:

"You are risking your honor by leaving the city alone with a man who doesn't love you. You shouldn't trust the night and a lonely place with* your precious virginity.*"

"But it is not night when I see your face," replied Helena. "Therefore I don't think I am in the night. And this wood is not lonely because you are all the world to me. How can I be alone when all the world is here to look at me?"

"I'll run from you and hide in the trees, and leave you to be eaten by wild beasts."

"The wildest beast has a kinder heart than you," cried Helena. "Run away if you must, and the story shall be changed: the dove pursues the dragon, the deer chases the tiger. Are you brave or a coward?"

"I will not stop to answer your questions, let me go," said Demetrius. "If you follow me, I shall harm* you in the wood."

"Go ahead! In the temple, in the town, and in the field you harm me. You shouldn't treat a woman like this. We cannot fight for love as men do; we should be wooed, and we weren't made to woo.* I'll follow you because I love you, even if you kill me!"

And then she ran after him as quickly as she could.

The fairy king, who was always friendly to true lovers, felt sorry for Helena. He remembered seeing her and Demetrius together in the wood in happier times.* So when Puck returned with the little purple flower, Oberon said to his favorite fairy:

"Take a petal of this flower. There is a sweet Athenian lady here who is in love with a scornful youth.* If you find him sleeping, drop some of the love-juice on his eyes. But be sure that she is near him when he wakes, so this lady he now dislikes will be the first thing he sees. You will

---

trust A with B A에게 B를 안심하고 맡기다 virginity 순결, 처녀성 harm …에게 해코지하다(= do wrong) we should ~ to woo 우리는(여자는) 사랑을 받게끔 되어 있지 사랑을 구하도록 만들어지지 않았거든요 in happier times 서로 사랑했던 시절 scornful youth 냉소적인 청년

know him by his Athenian clothes."

Puck went to find the Athenian couple, and Oberon went to spy on* Titania, who was preparing to take a nap in her garden of sweet wild flowers. Before sleeping she gave various orders to her fairies, which included waging war with* bats so they could make small elves' coats with the bats' leather wings. Then the fairies sang Titania this lullaby:*

"You spotted* snakes with forked tongue,*
Thorny hedgehogs,* don't be seen;
Frogs and worms do no wrong,
Don't come near our Fairy Queen.
Nightingale,* with melody,
Sing in our sweet lullaby,
Lulla, lulla, lullaby; lulla, lulla, lullaby;
Let no harm, nor spell, nor charm
Come to our lady's side;
So good night with this lullaby."

After the fairies had sung their queen to sleep, they went off to do their tasks. Oberon then crept up to* his queen, and dropped some of the love-juice on her eyelids, saying, "What you see first when you wake up will become your greatest love."

Part 3

Meanwhile, Hermia had escaped from her father's house to meet her dear Lysander. She found him waiting for her in the wood, and they began to walk toward his aunt's house. When Lysander saw that Hermia was tired, he said:

"Fair love, you are tired from wandering in the wood. And to be honest, I have lost our way. We'll rest, Hermia, if you want, and continue in the morning."

"Yes, Lysander. Find yourself a bed.* I will rest my head here on this moss."

"That moss would make a good pillow for us both," said Lysander. "One heart, one bed," he

---

spy on …의 동정을 살피다 wage war with …와 전쟁을 벌이다 lullaby 자장가 spotted 얼룩덜룩한 forked tongue 갈라진 혀 thorny hedgehog 가시 돋친 고슴도치 nightingale (새) 나이팅게일 creep up to …에게 몰래 다가가다 find oneself a bed 잠잘 곳을 찾다

continued, "two bosoms* and one promise."

"No, good Lysander. Please, my dear, lie farther away from me – do not lie so near."

"O, my intentions are innocent! I mean that my heart is promised to* you, so our hearts are joined. That means our bosoms are also joined by our promise to marry, so I should lie next to you. Hermia, don't be afraid."

"Lysander, you are confusing me very prettily. But, gentle friend, for love and modesty, lie farther away. It is more proper for a virtuous bachelor and a maid.* So be distant, sweet friend, but may your love never change till your sweet life ends! Good night!"

"Amen, amen, to* that fair prayer," grumbled* Lysander. "Here is my bed. May sleep give me a good rest!"

"Sleep well, my love!" said Hermia.

Puck found them sleeping. As he saw that the young man's clothes were Athenian in style, and that he was not lying close to the woman, he decided that this must be the scornful lover that Oberon had sent him to find. So he poured some of the purple juice on Lysander's eyes.

Puck poured the love-juice
on Lysander's eyes.

---

bosom 가슴 be promised to …에게 바쳐지다 a virtuous bachelor and a maid 선남선녀 amen to …에 대해 아멘(동의) grumble 투덜대다

Puck's mistake wouldn't have mattered if Lysander had woken up and seen Hermia first, for they already loved each other. But unfortunately, Helena came that way,* and woke Lysander up, so the first thing he saw was her. The love charm was so powerful that all Lysander's love for Hermia vanished and he instantly fell in love with Helena.

Before this sad mistake happened, Helena had been running after Demetrius, trying to keep up with* him. But she soon lost sight of* him. She was wandering about feeling rejected and miserable when she had come to the place where Lysander was sleeping. "Ah!" she said, "this is Lysander lying in the ground. Is he dead or sleeping?" She touched him gently and said, "Good sir, if you are alive, wake up."

Lysander immediately opened his eyes and the love charm began to work.* He told her he loved and admired her. He said that comparing her with Hermia was like comparing a dove with a raven,* and that he would run through fire for her, and many other lovesick speeches.* Helena became very angry, for she knew that Lysander had promised to marry Hermia. She thought that

Lysander was mocking* her. "Oh! Why was I born to be mocked and scorned by everyone?" she said, and ran away. Poor Lysander now forgot his true love and ran after* another lady, leaving Hermia asleep and alone in the wood at midnight.

Hermia was frightened when she woke up alone. She'd dreamed that a snake was crawling on her chest, trying to eat her heart, and that Lysander sat smiling as he watched. She saw that Lysander had gone, and fearing that something terrible had happened to him, she ran off to look for him.

In the meantime Demetrius had become tired of looking for Hermia and Lysander and fallen asleep. Oberon found him sleeping. After talking to Puck he realized that the love-juice had been put on the wrong person's eyes, so Oberon now put some love-juice on the sleeping Demetrius's eyes. Demetrius immediately woke up and the first thing he saw was Helena, who was running

---

come that way 그쪽으로 오다 keep up with …을 따라잡다 lose sight of …을 (시야에서) 놓치다 work (약이) 효력을 발휘하다 raven 갈가마귀 lovesick speeches 열렬한 사랑 고백 *cf.* lovesick 상사병에 걸린 mock 조롱하다 run after …의 꽁무니를 쫓아다니다

A Midsummer Night's Dream

away from Lysander. He began making love speeches to her, exactly the same way as Lysander had done. At that moment Lysander appeared, followed closely by* Hermia. Now Demetrius and Lysander both began telling Helena of their love for her.

Helena was astonished. She thought that Lysander, Demetrius and Hermia were all in a plot together to* make fun of her.

Hermia was as surprised as Helena. She couldn't understand why both the men who were in love with her now suddenly loved Helena. To her this was no joke.

Hermia and Helena, who had always been best friends, began to argue.

"Unkind Hermia," said Helena. "You have told Lysander to upset me with mock praises. And you have told Demetrius, your other lover, who almost kicked me just before, to call me goddess, nymph,* precious and heavenly.* Unkind Hermia, have you forgotten our old friendship? And how often we used to sit on one cushion, singing the same song as we sewed? Hermia, it is not ladylike to* join with men in scorning your poor friend."

"I am amazed at your angry words," said Hermia. "I am not scorning you, you are scorning me."

"Continue to lie," returned Helena, "pretend to look serious, and wink at each other when I turn my back. If you had any pity or grace you would not do this to me."

While Helena and Hermia were speaking angrily, Demetrius and Lysander left them to fight each other for the love of Helena.

When the women noticed that the men had left them, they set off* once more to find their lovers in the wood.

The fairy king and little Puck had listened to the arguments. As soon as everyone had gone, Puck said, "Lord,* what fools these mortals are!"

Oberon said to Puck, "This is your fault, Puck. Did you do this on purpose?"

"Believe me, King of shadows," answered Puck, "it was a mistake. You told me the man wore Athenian clothes. However, I am not sorry

---

followed closely by …가 바짝 따라오는 가운데 be all in a plot together to 모두 한통속으로 …하다 nymph 님프; 신화에 나오는 아름다운 여자 정령 heavenly 천사 같은 it is not ladylike to …하는 것은 숙녀가 할 짓이 못 된다 set off 출발하다, 떠나다 lord 맙소사

this has happened because their confusion* is very entertaining.*"

"You heard," said Oberon, "that Demetrius and Lysander have gone to find a place to fight in. I command you to fill the night with thick fog, and make these lovers lose their way so they will not be able to find each other. Counterfeit each of their voices* to the other, and insult them so that they follow you. Do this until they are so tired that they can't walk any more. When they fall asleep, drop the juice of this other flower onto Lysander's eyes. Then when he wakes up he will forget his new love for Helena, and return to his old passion for Hermia. Then the two fair ladies will each be happy with the man she loves. They will think everything that happened is a strange dream. Do this quickly, Puck. I will go and see what sweet love my Titania has found."

Part 4

Titania was still sleeping. Oberon saw a clown* named Bottom who had lost his way in the wood and was sleeping nearby. "This fellow," he said, "shall be my Titania's new love." And he put an ass's* head over Bottom's head. Oberon slipped the head on* very gently, and it fitted Bottom very well, but the clown woke up anyway. Unaware that* he had an ass's head, he went toward the garden where the fairy queen slept.

"Ah, what angel is that I see?" said Titania, opening her eyes as the juice from the little purple flower took effect,* "are you as wise as you are beautiful?"

"Well, miss," said the foolish clown, "I think I'm intelligent enough to find my way out of this wood."

---

confusion 당황, 소동 entertaining 재미있는, 흥겨운 counterfeit one's voice …의 목소리를 흉내 내다 clown 광대 ass 당나귀 slip... on …을 살짝 씌우다 unaware that …의 사실을 모른 채 take effect (약의) 효과가 나타나다

A Midsummer Night's Dream | 35

"Do not leave this wood," said the lovestruck* queen. "I am the queen of fairies and I love you. Stay with me and I shall give you fairies to serve you." Then she called four of her fairies: Peaseblossom, Cobweb, Moth, and Mustard-seed.* "Serve this sweet gentleman," she told them, "dance for him, feed him grapes and apricots,* and steal for him the honey bags from bees." She then said to Bottom, "Come sit with me. Let me caress* your hairy cheeks, my beautiful ass! And let me kiss your lovely big ears, my gentle joy!"

"Where is Pease-blossom?" said the ass-headed* clown, not much interested in the fairy queen, but very proud of his new servants.

"Here, sir," said little Pease-blossom.

"Scratch my head," said Bottom. "Where is Cobweb?"

"Here, sir," said Cobweb.

"Help scratch my head," said the foolish clown. "And where is Mustard-seed?"

"Here, sir," said Mustard-seed. "What is your will?*"

"Help the others to scratch my head. I must go to a barber's, for my face is marvelously hairy."

"My sweet love," said the queen, "what would

you like to eat? I shall send a fairy to a squirrel's, and fetch you some fresh grapes."

"I would rather have a handful of hay,*" said Bottom, who with an ass's head had got an ass's appetite. "But please, don't let anyone disturb me, for I want to go to sleep."

"Sleep then!" cried the queen, "and I will wrap my arms around you. Oh, how I love you! How I

"Oh, how I love you!" cried the fairy queen.

---

lovestruck 사랑의 열병에 걸린 Pease-blossom, Cobweb, Moth, and Mustard-seed (요정들의 이름) 콩꽃, 거미줄, 나방, 겨자씨 apricot 살구 caress 쓰다듬다 ass-headed 당나귀 머리를 쓴 What is your will? 분부 내려 주십시오. a handful of hay 건초 한 줌

A Midsummer Night's Dream | 37

dote on* you!"

When the fairy king saw Bottom sleeping in the arms of his queen, he walked up to her and criticized her for falling in love with an ass. She could not deny it, as the clown was sleeping right in her arms, with his ass's head crowned with* flowers by her.

Oberon teased her until she became embarrassed. Then he asked her for the Indian boy again. She was so ashamed that she could not refuse and handed him over.* Oberon took pity on* Titania and threw some juice from the other flower onto her eyes. The fairy queen immediately recovered. Looking at the strange monster in her arms, she wondered what had happened to her.

Oberon then took the ass's head off Bottom, and left him to finish his nap with his own foolish head upon his shoulders.

Oberon and Titania were now happy with each other again. He told her the story of the Athenian lovers and their midnight quarrels. She agreed to go with him and see the end of their adventures.

The fairy king and queen found the two young men and their fair ladies sleeping reasonably* close to each other on a big patch of grass.* Puck had made up for* his mistake by bringing them all to the same spot without them seeing each other. And he had carefully removed the spell from the eyes of Lysander with the antidote* the fairy king had given to him.

Part 5

When dawn broke the four lovers were still sleeping peacefully. The faint sound of hunting horns* grew louder, but they continued to sleep. The hunters were Theseus, Hippolyta, Egeus and their servants, out hunting before Theseus and Hippolyta's wedding that day. Theseus saw the lovers sleeping, and said, "Stop! What fairies are these?"

"My lord, this is my daughter here asleep," said Egeus. "And this is Lysander, this is

---

dote on …을 맹목적으로 사랑하다 crowned with …을 머리에 쓴 hand... over …을 넘겨주다 take pity on …을 불쌍히 여기다 reasonably 적당히 a big patch of grass 넓은 풀밭 *cf.* patch 구획된 땅, 밭 make up for …을 보상하다 antidote 해독제 hunting horn 사냥하는 사람들이 부는 나팔

Demetrius, and this is Helena. I wonder why they are here together."

"They probably heard we were coming here and got up early to meet us to offer their congratulations on* our wedding day," said Theseus. "Egeus, is this the day that Hermia should tell you her choice?"

"It is, my lord," said Egeus.

"Huntsmen, wake them with your horns," said Theseus.

The huntsmen blew their horns and the four young lovers woke up.

"Please stand up, all of you," said Theseus. Then speaking to Lysander, he said, "I know you and Demetrius are enemies. Why were you sleeping so peacefully near him, without fear?"

Lysander was confused. "My lord, I am still half asleep.* I'm not sure exactly how I got here, but the truth is that I came to the wood with Hermia. We wished to leave Athens and escape the dangers of Athenian law."

Egeus interrupted angrily, "Enough, enough, my lord, you have heard enough. I beg the law take his life.* He would have stolen my daughter, Demetrius's wife."

Now Demetrius spoke. "My lord," he said, "fair Helena told me of their escape, and in fury* I followed them. Fair Helena followed me for love. My good lord, I don't know how, but some power melted my love for Hermia like snow. Now my heart is for the beautiful Helena, the woman I loved before I saw Hermia. I feel as if I have been sick and now I have returned to health. I wish to be true to* Helena forever."

"Fair lovers, your problems are over," said Theseus. "I will hear no more about this from you, Egeus. I have made my decision. In the temple* today, at our marriage, these couples shall also be joined for eternity.* Let's return to Athens. Come Hippolyta."

"This is strange, my Theseus," said Hippolyta as they rode back to Athens.

"Yes, very strange," replied Theseus. "I never believe lovers and madmen*– they have crazy brains that make fantasies. In fact, the lunatic, the lover and the poet all have too much imagi-

---

offer one's congratulations on …에 대한 축하인사를 하다 half asleep 잠이 덜 깬 take one's life …의 목숨을 빼앗다 in fury 격분해서 be true to …에게 충실하다, …만을 사랑하다 temple 신전 be joined for eternity 영원히 맺어지다 madman 광인(= lunatic)

A Midsummer Night's Dream | 41

nation. They see more than cool reason ever comprehends.* The madman sees more devils than vast hell can hold.* The lover sees great beauty in the most common face. The poet's eye, rolling around in his head, glances from heaven to earth, from earth to heaven, and his imagination creates new and unknown things, and by writing he gives a name and place to things that don't exist. Too much imagination is a problem because it creates joyful things that don't exist. And it creates fear, like at night when it turns a bush into a bear!"

The young lovers were still waking up after Theseus, Hippolyta, and their hunting party had gone.

"Everything looks small and blurred,*" said Demetrius.

"I see everything in double,*" replied Hermia.

"And my Demetrius has returned to me, like a lost jewel," said Helena.

"Are you sure we are awake?" said Demetrius. "It seems as if we are still asleep and dreaming. Was the duke just here and told us to follow him?"

"Yes," said Hermia, "and my father was here."

"And Hippolyta," said Helena.

"And he did tell us to follow him to the temple to get married," said Lysander.

"Why,* then, we are awake," said Demetrius. "Let's follow him and tell him our dreams on the way.*"

And the young lovers rushed after Theseus and his party,* to join in marriage at his magnificent wedding.

The fairy king and queen had been secretly watching. They were so touched by this happy ending caused by the good work of Oberon that they decided to bless the coming marriages. Oberon sent fairies with dew to bless the bridal beds* so that the three couples would conceive children* that night, and that the children would be fortunate and loved, and not have moles,* harelips,* or more serious deformities.* Then he blessed the palace so that it would always be filled with sweet peace, and that Theseus would always be safe.

---

comprehend 이해하다 hold 수용하다 blurred 흐릿한 see... in double
…가 두 개로 보이다 why (감탄사) 이런 on the way 가는 길에 party 일행
bridal bed 신혼부부가 자는 침대 conceive a child 아이를 임신하다 mole
사마귀 harelip 언청이(입) deformity 기형

A Midsummer Night's Dream | 43

If anyone is offended by* this story of fairies and their pranks, if they think it is too incredible* and strange, they should think that they have been asleep and dreaming. All these adventures were just visions they saw in their sleep. But I hope that none of my readers will be offended by such a pretty and harmless midsummer night's dream.

---

be offended by …로 기분이 상하다   **incredible** 터무니없는, 믿기 어려운

The Merchant of Venice

Prepare to cut off the flesh.
Shed no blood,
and cut no less nor more
than a pound of flesh.

CHARACTERS

Shylock a rich Jew
Antonio a merchant of Venice
Bassanio Antonio's friend
Portia a rich heiress, Bassanio's wife
Gratiano Bassanio's attendant
Nerissa Portia's maid, Gratiano's wife
Duke of Venice
Prince of Morocco a suitor of Portia
Jessica Shylock's daughter
Lorenzo Jessica's lover

Part 1

Shylock, the Jew, lived in Venice. He was a moneylender* who had made a great fortune by lending money at very high interest to Christian merchants. Shylock was very tough in business and he always took his payment. This made him unpopular with the men of Venice, and particularly with a young merchant named Antonio, who would lend money to people in distress and would never charge interest.*

Shylock hated Antonio just as much. His free loans cost Shylock business,* and Antonio would often insult him when they met in the Rialto* and criticize him for his hard deals. Although Shylock would listen with patience, he was secretly eager for* revenge.

Antonio was very kind to everyone else. Because he always wanted to help people, he

---

moneylender 대금업자 charge interest 이자를 받다 cost... business
…가 돈 벌 기회를 빼앗다 the Rialto 거래소: 이탈리아 베니스의 상업중심지 리알토
에서 유래 be eager for …을 간절히 원하다

was loved by all his fellow citizens. His best friend was Bassanio, a noble Venetian who had only a small inheritance and had almost run out of* money by living too expensively. This was a common problem for young men of high rank but little money, and whenever Bassanio wanted money, Antonio helped him. It seemed they had one heart and one wallet between them.

One day Bassanio came to Antonio, and told him that he wanted to marry a young lady whom he loved dearly. Her father had recently died and left her a large estate.* In her father's lifetime Bassanio had visited the house, and was sure that the lady had strong feelings for* him. The problem was that he didn't have enough money to court* such a rich heiress. So he asked Antonio to lend him three thousand ducats.*

Antonio had no money to lend at that time because he was waiting for his ships to return, but he expected them home soon, full of merchandise. He said it would be possible to borrow the money from Shylock, the rich moneylender, on security of* those ships.

So Bassanio went to see Shylock and asked him for a loan of three thousand ducats.

"Three thousand ducats, and?" said Shylock.

"Yes, sir," said Bassanio, "for three months."

"For three months, and?" said Shylock.

"For which, as I told you, Antonio shall be guarantor,*" said Bassanio.

"Antonio shall be guarantor, and?" said Shylock.

"Will you loan me the money?" asked Bassanio, "may I know your answer?"

"Three thousand ducats, for three months, and guaranteed by Antonio," said Shylock.

"Yes, what is your answer to that?"

"Antonio is a good man," said Shylock.

"Have you heard anyone say otherwise?" asked Bassanio.

"Oh, no, no, no," said Shylock. "By saying he is a good man I mean that he has money. But his money is all on paper.* He has a large ship bound for* Tripoli, another for the Indies. I heard he has a third ship bound for Mexico, a fourth for England. All his business is abroad. But ships

---

run out of …가 다 떨어지다 estate 재산, 영지 have feelings for …에게 애정을 품다 court 구혼(구애)하다(= woo) ducat 더커트; 옛날 유럽에서 사용되던 금화 on security of …을 담보로 하여 guarantor 보증인 on paper 서류상의 bound for …로 향하는

are only boards, sailors only men. There are pirates to worry about and the danger of storms and rocks. However, he is a rich man. Three thousand ducats – I think I may take his bond.* May I speak with Antonio?"

"Please dine with us so we can discuss this."

"I can't stand the smell of pig, which your prophet from Nazareth* allowed as food," said Shylock. "I will buy with you, sell with you, talk with you, walk with you, and so on; but I will not eat with you, drink with you, nor pray with you."

When Antonio arrived Shylock thought to himself, "I have a chance here to get my revenge. He hates Jews, lends out money for free, insults me in the presence of other merchants, and calls my well-earned* interest robbery. My people will be cursed if I forgive him!"

Then Shylock said to Antonio, "Signor* Antonio, many times at the Rialto you have criticized me for my loans with interest, and I have patiently listened. You have called me an unbeliever,* and a mean dog, spat upon my Jewish clothes, and kicked me. Well then, now you want my help, and say, 'Shylock, lend me money.'

Does a dog have money? Could a dog possibly lend three thousand ducats? Shall I bow low and say, 'Fair sir, you spat on me last Wednesday, and another time you called me a dog, so for this excellent treatment I will lend you the money.'?"

Antonio replied, "I will probably call you a dog again, and spit on you again, and scorn you too. Don't lend me this money as a friend; lend it to me as an enemy. Then if I miss the payment you may easily collect the penalty.*"

"Look how angry you are," said Shylock. "Listen, I would like to be friends with you, and have your love. I will forget all your insults. I will lend you the money without interest."

Antonio was surprised and pleased at this kind offer. Again, Shylock said that he only wanted Antonio's love. He would not charge interest, but for a joke Antonio should go with him to a notary,* and sign a contract stating* that if Antonio did not repay the money by a certain

---

bond (채무)보증서 prophet from Nazareth 나사렛 출신 선지자; 예수 그리스도 well-earned 제 힘으로(정당하게) 번 Signor (남자에 대한 경칭) …님(씨) unbeliever 무신론자, 이교도 collect the penalty 위약금을 받아내다 notary 공증인 state …을 명시(상술)하다

The Merchant of Venice | 53

day, he would owe a pound of flesh, to be cut from any part of his body that Shylock chose.

Antonio was very confident that his ships would return before the due date.* He agreed to sign the contract, and said to Bassanio, "There is much kindness in the Jew."

Bassanio said Antonio should not sign such a contract for him, but Antonio insisted that his ships would soon arrive with merchandise worth many times* the value of the loan.

Shylock heard them talking and exclaimed, "O Father Abraham,* Christians are so suspicious! Their own hard dealings* make them suspect the dealings of others. Please tell me Bassanio, what is the value of a pound of his flesh? What would I gain? A pound of mutton* or beef is worth more. I offer this contract in friendship. He can take it or leave it.*"

Again, Bassanio advised Antonio not to sign the contract and risk the shocking penalty for his sake.* But Antonio signed it, thinking the contract was only a joke.

Part 2

The rich heiress that Bassanio wished to marry lived near Venice, at a place called Belmont. Her name was Portia. She was a beautiful and graceful person. Unfortunately, she could not choose the man she wanted to marry. Her father had stated in his will* that she had to marry the suitor* who picked, of three caskets* made each of gold, silver and lead, the one which held her portrait in it. But if the suitor chose the wrong one he must remain a bachelor all his life. The Prince of Morocco was the first suitor who came to choose which casket to open. He chose the gold casket.

"There, open it, sir," said Portia, "and if my picture lies in there, then I am yours."

But instead of her picture the prince found a gold skull with a message rolled in its eye sock-

---

due date (지급)만기일 worth many times 몇 배의 가치가 있는 Abraham 아브라함; 성서에 나오는 유대인의 시조 dealings 거래 mutton 양고기 take it or leave it 싫으면 관두다 for one's sake …을 위해서 will 유언장 suitor 구혼자 casket 상자

et.* It read:

> All that glitters is not gold;
> often have you heard that told.

The Prince of Morocco left soon after he read the message, and Portia was happy to see him go, saying she hoped that all men of his race chose wrongly.

Meanwhile, Shylock learned that his daughter Jessica, his only child, had run away with* a Christian. He was furious and disowned* her. "My own flesh and blood rebels against* me!" he told some merchants at the Rialto. But they were unsympathetic. One of them said:

"There is more difference between your flesh and hers than between ebony* and ivory; there is more difference between your blood and hers than between red wine and water. But tell us, have you heard whether Antonio has lost any ships at sea?"

"There I have more bad luck," replied Shylock. "He is bankrupt, and too ashamed to show his face in the Rialto. He's a beggar that used to be so superior to me. Well, let him remember his bond. He often called me a usurer;* let him remember his bond. He often lent money without interest for Christian courtesy;* let him remember his bond."

"But I am sure that even though he can't pay the loan, you will not take his flesh, will you?" said one of the merchants. "What's that good for?"

"It will serve as fish bait," replied Shylock. "No, it will feed nothing but my revenge. He has disgraced me, prevented me from making half a million, laughed at my losses, mocked my profits, scorned my nation, ruined my business, cooled* my friends, and heated* my enemies. And do you know what his reason is? I am a Jew. But a Jew has eyes. A Jew has hands, organs, senses, affections, and passions. He is fed with the same food, hurt with the same weapons, stricken with* the same diseases, healed by the same medicine, warmed and cooled by the same summer and winter, as a

---

eye socket (해골의) 눈 구멍 run away with …와 눈이 맞아 도망가다 disown …와 의절하다 rebel against …에 반항하다 ebony 흑단 usurer 고리대금업자 for Christian courtesy 기독교인의 자비심으로 cool …을 냉담하게 만들다 heat …을 자극하다 be stricken with …에 걸려 앓다

The Merchant of Venice | 57

Christian is. If you cut us, do we not bleed? If you tickle us, do we not laugh? If you poison us, do we not die? And if you wrong us, we shall take revenge! If we are like you in these other ways, we will resemble you in that."

In the meantime, Bassanio, supplied with money by his friend Antonio at the risk of* his life, set off for* Belmont with a splendid train* and a gentleman named Gratiano.

Of the three caskets, Bassanio chose the lead casket, saying:

"Therefore, gaudy* gold, hard food for Midas,* I will not choose you. Nor you, you pale and common metal, silver. But you, poor lead, which seems to threaten rather than promise anything, your plainness moves me more than eloquence,* so I choose you. May joy come from my decision!"

To his great joy, he found the portrait of beautiful Portia in it, and she, who had already been in love with Bassanio, happily accepted him to be her husband. Bassanio confessed he had no fortune, only noble ancestry,* but she loved him for his worthy qualities,* and was rich enough not to care about wealth in a husband. With graceful

Of the three caskets,
Bassanio chose the lead casket.

---

at the risk of …을 잃을 위험을 무릅쓰고 set off for …로 떠나다 train 행렬, 수행원단 gaudy 화려한 Midas 미다스; 그리스신화에 나오는 인물로, 그의 손이 닿으면 모두 황금으로 변함 eloquence 화려한 웅변 noble ancestry 귀족 혈통 worthy qualities 훌륭한 인품.

modesty Portia said that she wished she was ten thousand times more beautiful and ten thousand times richer to be more worthy of* him.

Portia was very accomplished* but she modestly described herself as an ignorant girl who needed to learn, and said that she would give herself to Bassanio to be directed and governed in all things. She said, "I, along with what is mine, am now yours. Yesterday, Bassanio, I was the lady of this fair palace, queen of myself and my servants. Now this palace, these servants, and myself are yours, my lord. I give them to you with this ring." And she gave a ring to Bassanio.

Bassanio was filled with gratitude that the rich and beautiful Portia had accepted a poor man like himself. He could not express his joy in words.* Instead, he accepted the ring and solemnly vowed he would wear it forever.

While Gratiano attended upon* Bassanio, Nerissa attended upon Portia, and the two attendants came to love each other. Gratiano asked if he and Nerissa could marry at the same time as Bassanio and Portia, and they both happily agreed to his request.

But the happiness of the lovers was sadly crossed by* a message from Antonio. When Bassanio read the message he became very pale. Portia feared it was news of the death of some dear friend. She asked him what the distressing news was, and he replied, "O sweet Portia, these are the most difficult words I will ever say to you. I am in debt. I freely told you I was poor, but really I have less than nothing." Bassanio then told Portia about Antonio borrowing money for him from Shylock the Jew, and the bond of a pound of flesh that Antonio had to pay if he did not repay the loan on a due date. Bassanio read out Antonio's note:

Dear Bassanio, my ships are all lost, and my bond to the Jew is overdue.* I have to pay the penalty to the Jew, as the bond says. Please come, I wish to see you for the last time before I die.

---

worthy of …을 가질 자격이 있는 accomplished 높은 학식을 갖춘 cannot express… in words 말로는 …을 표현할 길이 없다 attend upon …의 시중을 들다 *cf.* attendant 시중드는 사람 be crossed by …로 인해 망쳐지다 overdue (지불)기한이 지난

The Merchant of Venice | 61

"O, my dear love," said Portia, "I will give you enough money to pay the debt twenty times over. You must leave at once to save your dear friend." Portia offered to marry Bassanio before he left so he had legal right to her money. So they married on that same day, and Gratiano married Nerissa. Moments after the marriages Bassanio and Gratiano set off for Venice.

They soon found Antonio in prison. Shylock would not accept the money Bassanio offered him, but insisted on having a pound of Antonio's flesh. A day was set for a trial* before the Duke of Venice, and Bassanio waited in dreadful suspense.*

Part 3

When Portia said goodbye to her new husband, she cheerfully told him to bring his dear friend back with him when he returned. Yet when she was left alone she feared it would go unfavorably for Antonio. She remembered telling Bassanio that she would submit to* him in all things and be governed by his superior wisdom. But now faced with the peril* of her dear husband's friend, she wanted to put herself forward to* help with all her powers.

Portia had a relative named Bellario who was a judge, and he had been appointed to try* Antonio's case. She wrote to him and stated the case, and asked that he would send her the robes* worn by a judge, as well as his good advice on the case. When the letter of advice and the clothes arrived, Portia dressed herself and her maid Nerissa in men's clothes – she put on the robes of a judge and took Nerissa along with her as her clerk.* They set out immediately and arrived in Venice on the day of the trial.

They went to the court just before the case was about to be heard,* and Portia presented the duke a letter from Bellario, stating that he was too sick to hear the case, and requesting that this young judge take the case in his place.* The duke agreed to this but was surprised at the

---

A day ~ a trial 재판 날짜가 정해졌다 in dreadful suspense 몹시 가슴 졸이며 submit to …에 복종하다 peril 위난 put oneself forward to 적극 나서서 …하다 try (사건을) 심리(재판)하다 robes 법복 clerk (법정) 서기 be heard (사건이) 심리(재판)되다 in one's place …을 대신하여

youthful appearance of the stranger, who was prettily disguised by her judge's robes and her large wig.

And then the important trial began. Portia looked around the court and saw Bassanio but he did not recognize her in her disguise.* He was standing next to Antonio, frightened and worried for his friend. Portia knew she had an important job to do and this thought gave her courage. She heard the duke say to Antonio:

"I am sorry for you. You have a very cold and heartless enemy. He is inhuman, incapable of* pity or mercy."

Antonio replied, "I have heard that Your Grace* has tried hard to make him change his mind, but since he remains stubborn, and the law cannot save me from him, I will suffer his fury with patience and quietness of spirit."

The duke called Shylock into the court.

"Shylock," said the duke, "the world thinks, and I think so too, that you are doing this because you hate Antonio and want to scare him. And at the last minute we think that you will show mercy.* You will forget the penalty of a pound of flesh, and touched with human gentleness and love, you will not ask for full repayment because you will feel pity for his lost ships. We all expect a gentle answer, Jew."

"I have already told Your Grace what I want," said Shylock. "And by our holy Sabbath* I have sworn to have the forfeit* of my bond. If you deny the law, you will endanger all the business deals in the city. You'll ask me why I choose to have a pound of rotting flesh rather than three thousand ducats. I'll only say that is what I feel like. Is your question answered? Some men don't like rats, and some cannot stand* pigs, while others cannot stand cats. Some men even hate the bagpipes. So my reason is that I hate Antonio. Are you answered?"

"This answer," said Bassanio, "doesn't excuse your cruelty."

"I don't have to please you with my answers," said Shylock.

"It is no use* arguing with the Jew," interrupted Antonio. "You may as well* go stand upon the

---

in one's disguise 변장을 한   incapable of …을 허용하지 않는   Your Grace 전하; 대공을 일컫는 말   show mercy 자비를 베풀다   Sabbath 안식일   forfeit 벌금, 위약금   stand 참다, 견디다   it is no use …ing …해봐야 소용없다   may as well …하는 것과 마찬가지다, …하는 것이 더 낫다

beach and tell the tide to stop. You may as well ask the wolf why he terrifies the sheep. You may as well forbid the mountain pines to wag* their high tops, and to make noise when they are blown by the gusts of wind.* It is impossible to soften his hard heart, because nothing is harder. So I ask you, make no more offers, stop arguing, and quickly make judgment and give the Jew his payment."

"For your three thousand ducats, here is its double," said Bassanio to Shylock, offering him the money.

"You could offer me thirty six thousand ducats and I would not take it," said Shylock, "I want my bond."

"How can you hope for mercy when you give none?" asked the duke.

"But what am I doing wrong?" Shylock asked. "You have many slaves which you treat like animals. You treat them like asses and dogs because you bought them. If I say to you, 'Let them be free, marry them to* your children. Why make them sweat and suffer? Let their beds be made as soft as yours and let them eat the same food as you do,' then you will answer, 'The slaves are ours.' So I answer you: the pound of flesh, which I demand of him, is dearly bought, so it is mine and I will have it. If you deny me, your laws will fail! I am not on trial* here, I ask for judgment. Answer me, shall I have it?"

"O, you damned* animal! You are like a bloody, starving wolf!" shouted Gratiano.

"Don't waste your breath,* good youth," said Shylock. "I stand here for law."

Shylock sharpened his knife against* his boot, as the duke read the letter of Bellario again. He introduced Portia to the court. "This letter recommends a young and learned* judge to our court. You are welcome, sir," he said to Portia, "take your place. Are you familiar with the case?"

"I am," said Portia.

"Antonio and old Shylock, both come forward," said the duke.

"Shylock, this is a strange case," said Portia, "but Venetian law cannot stop it from proceed-

---

wag 좌우로 흔들다 gusts of wind 여러 차례의 돌풍 marry A to B A를 B와 결혼시키다 be on trial 재판을 받다 damned 천벌을 받을 Don't waste your breath. 말해봐야 소용없네. sharpen one's knife against 칼을 …에 대고 갈다 learned 학식 있는

The Merchant of Venice | 67

ing. Antonio, is the bond correct?"

"It is," said Antonio.

"Then the Jew must be merciful," declared Portia.

"Why must I?" said Shylock. "Tell me that."

"Because mercy is given gracefully," said Portia, "it drops like the gentle rain from heaven upon the place beneath. It is twice blessed; it blesses the one that gives and the other that takes. It is mightiest in the mightiest; it becomes* kings better than their crowns because it is an attribute* of God himself; earthly power* comes near to God's when mercy seasons* justice. Therefore, Jew, consider this: though we may all seek justice, it's not enough for any of us to see salvation* when we die. We all pray for mercy, and that prayer teaches us all to show mercy."

"Whatever happens to me will happen!*" cried Shylock. "I want the law to award me my pound of flesh."

"Can Antonio pay the money?" asked Portia.

"Yes, I have twice the amount here in the court, and if that is not enough I will be bound to* pay it ten times over, on security of my hands, my head, my heart," said Bassanio. "If this is still not enough, it must appear that evil is greater than good, and I beg you, change the law just once to stop this cruel devil."

"I cannot change the law," said Portia. "There is no power in Venice that can change a law, because it would be recorded as a precedent,* and many errors might follow this example. It cannot be."

"A wise man has come to judgment!" cried Shylock. "O wise young judge, how I do honor you!"

"Please let me see the bond," said Portia, and Shylock gave it to her to read. "This Jew may lawfully claim a pound of flesh, to be cut off by him near the merchant's heart," declared Portia to the court, and she added, quietly, "be merciful. Take three times your money and let me tear up the bond."

"You appear to be a good judge," said Shylock, "you know the law, and your comments* have

---

become …에게 어울리다 attribute 속성, 특성 earthly power 인간이 가진 힘 season …에 맛을 더하다 see salvation 구원을 얻다 Whatever happens to me will happen! 될 대로 되라고 하시오! be bound to 반드시 …하다 precedent 선례, 판례 comment (법에 대한) 해석

been very sound. I ask you to proceed by the law. I swear there is no power in the tongue of man to change my mind. I want my bond."

"I beg the court to give the judgment now," said Antonio.

"This is it,* " said Portia, "you must prepare your chest for his knife."

"O noble judge!" cried Shylock, "O excellent young man! How much more mature you are than you look!"

"The purpose of the law is to carry out* the penalty which appears on the bond," said Portia. "Therefore, Antonio, bare* your chest."

"Yes, the chest," said Shylock, "as the bond says, noble judge. 'Nearest his heart,' those are the very words."

"It is so," said Portia. "Are there scales* here to weigh the flesh?"

"I have them ready,* " said Shylock.

"Have a surgeon ready, Shylock. It is your responsibility that he doesn't bleed to death.* "

"Does it say so in the bond?" said Shylock. "I cannot find it. It is not in the bond."

"You, merchant," said Portia. "Have you anything to say?"

"Not much," said Antonio, and he turned to his friend, "I am ready. Give me your hand, Bassanio. Farewell! Don't grieve that I have come to this for you. Tell your honorable wife about me, and the way I died. Say how I loved you, and speak fairly of* me, and when the tale is told she will judge that you had a loving friend. Don't be sad that you are losing me, for I am happy to pay this debt with all my heart."

"Antonio, I am married to a wife who is as dear to me as life itself," said Bassanio. "But life itself, my wife, and all the world are not worth more to me than your life. I would lose all, and, yes, sacrifice them all here to this devil, to save you."

"Your wife would not thank you for that, if she heard you make that offer," said Portia.

"I have a wife whom I love," said Gratiano. "I wish she were in heaven, so she could entreat some ghostly power to* change this bad-tempered Jew."

This is it. 할 수 없군., 이제 됐군. carry out …을 시행하다 bare …을 드러내다 (노출하다) scales 저울 have... ready …을 준비해(대기시켜) 놓다 bleed to death 피를 많이 흘려 죽다 speak fairly of …에 대해 있는 그대로 전하다 entreat A to B A에게 B해 달라고 간청하다

"It is good* you offer her death behind her back,*" said Nerissa, angrily, "the wish would cause a loud argument at your house."

"This is how Christian husbands act," said Shylock. "I have a daughter. I would take any of the ancestors of Barabbas* to be her husband rather than a Christian!"

"A pound of that merchant's flesh is yours," said Portia. "The court awards it, and the law allows it."

"Most rightful judge!" cried Shylock again. He sharpened his long knife again, and looking eagerly on* Antonio, he said, "Come, prepare!"

"And you must cut this flesh off his breast. But wait a while, there is something else. This bond does not give you one drop of blood. The words are clearly 'a pound of flesh.' So take your bond, take your pound of flesh, but while cutting it, if you shed one drop of Christian blood, your lands and goods* are confiscated* by the laws of Venice," said Portia.

"O fine judge!" cried Gratiano, this time.* "Pay attention, Jew, a very learned judge!"

"Is that the law?" asked Shylock.

"You can see the act* yourself," said Portia.

"Come, prepare!" said Shylock to Antonio.

---

it is good (that) …해서 다행이다 behind one's back …가 없을 때, …몰래 Barabbas 바라바; 성서에 나오는 인물로, 예수 대신 석방된 살인자 look eagerly on …을 계속 노려보다 goods 재산, 소유물 be confiscated 압수되다 this time 이번엔 act (법)조항

"You wanted justice, and you shall have justice, more than you want."

"O learned judge! Look, Jew, a learned judge!" cried Gratiano.

"I'll take the previous offer then," said Shylock. "Pay the bond twice and let the Christian go."

Bassanio went to give him the money.

"Wait!" said Portia. "The Jew shall have more justice."

"O Jew! An upright judge, a learned judge!" cried Gratiano.

"You must accept your bond," continued Portia. "Therefore prepare to cut off the flesh. Shed no blood, and cut no less nor more than a pound of flesh. If you cut more or less than a pound, even as much as the weight of a hair, you must die and all your goods will be confiscated."

"Give me my principal,* and let me go," said Shylock.

"I have it ready for you, here it is," said Bassanio.

"No, he has already refused it in the open court.* He shall have only justice and his bond," said Portia.

"Can I have only my principal?" said Shylock.

"You shall have nothing but the flesh," said Portia, "to be taken at your peril,* Jew."

"Why, then let the devil have the money!* I'll stay no longer," cried Shylock, and he packed up his scales to leave.

"Wait, Jew," said Portia. "The law has another hold on you.* The laws of Venice state that if an alien* seeks to end the life of any citizen by direct or indirect attempts, the person whom the offender* tried to kill shall seize one half his goods while the other half comes to the state. And the offender's life lies at the mercy of* the duke. So kneel down and beg mercy of the duke."

"Beg for permission to hang yourself," said Gratiano. "Because you will not have enough money left to buy a rope, the state will have to pay for it."

"You shall see the difference of our Christian spirits," said the duke. "I pardon your life before

---

principal 원금 in the open court 공개법정에서 at one's peril 죽을 각오를 하고 let the devil have the money 그 돈은 마음대로 하시오 The law ~ on you. 당신에게 적용될 법 조항이 하나 더 있소. alien 이방인, 이교도 offender 범법자 lie at the mercy of …의 손에 좌우되다

you ask for it. Half your wealth becomes Antonio's and the other half comes to the state."

"No, take my life," said Shylock. "You take my house when you take the money that sustains my house, and you take my life when you take the means I live by.*"

The generous Antonio then said that he would give up his share of Shylock's wealth if Shylock would sign a deed to* make it over to* his daughter and her husband when he died. Antonio knew that the Jew had an only daughter* who had lately married a young Christian named Lorenzo, a friend of Antonio's, which had offended Shylock so much that he had disinherited* his daughter.

"Are you content, Jew? What do you say?" asked Portia.

The Jew agreed to this. Being disappointed in his failed revenge and losing of his riches, he said, "Please, let me go, I am not well. Send the deed to my house, and I will sign it."

"Go, now, but be sure to sign it," said the duke, "and if you repent* your cruelty and become Christian, the state will give you back the other half of your riches."

Part 4

As Shylock left, the duke now released Antonio and dismissed the court.* The duke then praised the wisdom of the young judge, and invited him home to dinner. Portia wanted to return home before her husband, so she replied, "I humbly thank you, Your Grace, but I must leave immediately." The duke was sorry the young judge could not stay and dine with him, and turning to Antonio, he said, "Reward this gentleman, I think you owe him a lot."

After the duke left the court, Bassanio said to Portia, "Most worthy gentleman, I and my friend have been saved by your wisdom. Please accept this three thousand ducats, which were due to the Jew."

"And we shall be in debt to you forever," said

---

the means one lives by ···의 생계수단   deed to ···하겠다는 각서   make A over to B A를 B에게 양도하다   an only daughter 무남독녀 외동딸   cf. the only daughter 형제가 있을 수 있는 외동딸   disinherit ···의 상속권을 박탈하다   repent 회개하다   dismiss the court 재판을 끝내다

Antonio.

Portia would not accept the money. Bassanio then asked her to accept a gift. So she asked for Bassanio's gloves, and when Bassanio took off his gloves, she saw the ring which she had given him. Now it was the ring the wily* lady wanted to get from him to play a joke on* him when she saw her Bassanio again at home. She said, "For your gratitude, I will take this ring from you."

Bassanio was taken aback by* this request. He replied, in great confusion, that he could not give away that ring, because it was his wife's gift and he had vowed never to part with it.

"Let me buy you the most valuable ring in Venice, at any cost.* Please don't ask for this one," said Bassanio.

Portia affected to* be offended, and said, "You teach me, sir, how a beggar should be treated." She and Nerissa walked away.

"Dear Bassanio, let him have the ring," said Antonio, "let the great service he has done for me get its reward, even though it may displease your wife."

Bassanio, ashamed to appear so ungrateful, took off his ring and sent Gratiano after* Portia with the ring. When Gratiano came, the "clerk" Nerissa, who had also given Gratiano a ring, asked for his ring too, for her efforts* at the court assisting Portia. Gratiano did not want to appear less generous than his lord, so he gave it to her. The ladies laughed to think how they would tease their husbands about giving away their rings when they got home.

Part 5

The men arrived at Portia's palace in Belmont, and Bassanio introduced Antonio to Portia. The congratulations and welcomes were hardly over* when they heard Nerissa and her husband arguing in a corner of the room. "What, a quarrel already?" said Portia. "What is the matter?"

Gratiano replied, "Lady, it is about a cheap ring

---

wily 꾀 많은 play a joke on …에게 장난을 치다 be taken aback by 느닷없이 …을 당해 놀라다 at any cost 어떻게 해서든 affect to …하는 척하다 send A after B A를 시켜 B를 쫓아가게 하다 for one's efforts …가 고생한 대가로 be hardly over 미처 끝나지 않다

that Nerissa gave me."

Nerissa interrupted, "You swore you would keep it until the day you died, and now you say you gave it to a judge's clerk! I know you gave it to a woman."

"I swear," replied Gratiano, "that I gave it to a youth, a boy about as tall as you. He was the clerk of the judge that saved Signor Antonio's life. He begged for* it, and I could not refuse."

Portia said, "You were to blame,* Gratiano, to give away your wife's first gift. I gave my lord Bassanio a ring, with my love and faith, which he swore to keep forever, and I am sure he would not part from it for all the world.*"

Bassanio said quietly, "I should have cut my left hand off, and sworn I lost the ring with it!" Then he showed Portia that the ring had gone. He explained his special reasons for giving away the ring, and expressed the regret he felt. Portia said angrily that he didn't value* the ring enough, and that she didn't believe his story – he had actually given it to a woman. Bassanio was very unhappy to have offended his dear lady, and he said with great earnestness:*

"No, by my honor,* no woman had it. The

judge refused three thousand ducats, and asked for the ring. When I said I couldn't, he went away in anger. What could I do, sweet Portia? Pardon me, good lady. Had you been there, I think you would have begged me to give the ring to the honorable judge."

Antonio interrupted, and said to Portia, "I am unhappy because of these quarrels. I once did lend my body for Bassanio's sake, and but for* the man to whom your husband gave the ring, I should now be dead. Let me stand as guarantor once again, this time with my soul as security, that your lord will never break your faith again."

"Then you shall be his surety,*" said Portia. "Give him this ring and tell him to make sure he looks after it better than the previous one."

"By heaven!*" cried Bassanio, "it is the same ring I gave the judge!"

"You will be more amazed now," said Portia, and she told them how she was actually the young judge, and Nerissa her clerk. Finding that

---

beg for …을 달라고 조르다 be to blame (주어의) 잘못이다 for all the world 세상을 다 준다 해도 value 소중히 여기다 with great earnestness 진심을 다해 by my honor 내 명예를 걸고 but for …가 없었다면(없다면) surety 보증, 담보 By heaven! 세상에!

it was by the noble courage and wisdom of his wife that Antonio's life was saved, Bassanio was so surprised that he couldn't speak.

Portia also had a letter concerning* Antonio's ships. They were supposed lost,* but had now returned to Venice and were safe in the harbor. So these tragic beginnings of this rich merchant's story were all forgotten in the unexpected good fortune which followed.

"Sweet lady," said Antonio, "you have given me my life and my living."

It was almost morning, but Portia wanted to stay up* and talk about everything that had happened. Everyone agreed enthusiastically but Gratiano, who wondered when he would go to bed with Nerissa. However, like the others, he felt very cheerful for the good fortune that they had experienced, and said:

"While I live I'll fear no other thing,
as much as keeping safe Nerissa's ring.*"

---

concerning …에 관한 be supposed lost 유실(실종)된 것으로 추정되다
stay up (잠자리에 들지 않고) 밤을 새우다 keep safe Nerissa's ring 네리사의 반지를 잘 간직하다; 윗줄의 thing과 운율을 맞추기 위해 Nerissa's ring이 safe 뒤에 위치함

The Taming of the Shrew

You disobedient women!
I was once like you,
but now I see that when we fight,
our lances are only straws.
So kneel before your husband's foot.

CHARACTERS

Baptista   a gentleman of Padua
Katherina (Kate)   the Shrew, Baptista's daughter
Bianca   Baptista's younger daughter
Petruchio   a gentleman of Verona, Katherina's husband
Hortensio   Petruchio's friend
Lucentio   Bianca's husband
Vincentio   Lucentio's father
Grumio   Petruchio's servant
The tailor
The haberdasher

Part 1

Katherina was the eldest daughter of Baptista, a rich gentleman of Padua. She was a lady of fiery spirit* and bad temper, and she had such a sharp tongue* that she was known in Padua as Katherina the Shrew.* It seemed very unlikely, or even impossible, that any gentleman would ever want to marry this lady. Therefore Baptista was widely criticized for* not allowing her gentle younger sister, Bianca, to marry until Katherina was married.

It happened that a gentleman, named Petruchio, came to Padua to look out for a wife. Hortensio, a friend of Petruchio, met him and said, "Tell me, friend, what happy wind blows you to Padua from old Verona?"

Petruchio replied, "Such wind as scatters young men through the world* to seek their for-

---

fiery spirit 불 같은 성격 sharp tongue 독설 shrew 입이 험한 여자 *cf.* shrewish 입버릇 나쁜 be criticized for …로 인해 욕을 먹다 Such wind ~ the world 젊은이들을 세계로 흩어지게 하는 그런 바람

tunes far from home, where new experiences are few. I have money in my wallet and property at home, so I have come abroad to see the world. In fact, Hortensio, I have come to this city to find a wife, preferably one with plenty of dowry.*"

Hortensio happened to be courting Bianca, and since she could not accept any proposals of marriage until her elder sister, Katherina, got married, he took this opportunity to tell Petruchio about Katherina. Hortensio told him that she was young, rich, beautiful and available,* but he had to warn Petruchio that she was an awful shrew, so bad that he would not marry her himself for a gold mine. Petruchio said he did not mind how awful Katherina was, since he had come to Padua to find a wealthy wife. Another suitor of Bianca joined in their conversation, and said she was cursed, like a wildcat.* But Petruchio said:

"Do you think a little noise in my ears will stop me, when I have heard lions roar? I have heard the sea puffed up with* the winds rage like an angry boar,* I have heard gunfire in the field, and heaven's artillery* thunder in the skies, and you warn me of a woman's tongue, which is not even half as loud as a chestnut cracking in a farmer's fire – tut-tut!* Frighten boys with bugs."

So he decided to marry this famously harsh-tempered woman, and tame her into* a meek and manageable* wife. And truly none was more able to do this huge task than Petruchio, whose spirit was as high as Katherina's. He was a witty and good-tempered humorist,* and also had wisdom and good judgment. He was also a good actor and was able to feign a passionate and furious temper while his spirits remained calm.

Part 2

Petruchio went to woo Katherina the Shrew. First of all he asked Baptista, her father, for permission to court her. He said to the old man, "Good sir, do you have a daughter called Katherina, fair and virtuous?"

---

dowry 지참금 available 약혼(결혼)하지 않은. wildcat 살쾡이 puffed up with …로 한껏 부푼 boar 멧돼지 heaven's artillery 하늘의 대포: 천둥을 말함 tut-tut (혀 차는 소리) 쯧쯧 tame A into B A를 길들여서 B로 만들다 meek and manageable 다소곳하고 말 잘 듣는 humorist 해학가

"I have a daughter, sir, named Katherina," replied Baptista.

"I am a gentleman from Verona, sir," said Petruchio, "and have heard of her beauty and her wit, her gentleness and modesty." Baptista threw his hands in the air* as Petruchio continued, "Such wonderful qualities and mild behavior make me eager to marry this woman I have heard so much about."

Her father, though he wished her married, was forced to confess Katherina's character was not like that. It soon became obvious what she was really like, for her music tutor rushed into the room to complain that Katherina, his pupil,* had almost broken his head with her lute* for finding fault with* her playing.

When Petruchio heard this, he said, "She is a brave lady. I love her more than ever, and long to talk to her," and hurried the old gentleman for* a positive answer. "I am busy, Signor Baptista, I cannot come every day to woo. You knew my father; he is dead, and has left me all his lands and goods. Then tell me, if I get your daughter's love, what dowry you will give with her."

Baptista thought his manner was somewhat blunt* for a lover, but, being glad to get Katherina married, he answered that he would give twenty thousand crowns for her dowry, and half his estate at his death. So this odd match was quickly agreed on, and Baptista went to tell his shrewish daughter of Petruchio's interest.

While he waited, Petruchio was thinking over how to court Katherina. He said to himself, "I will woo her energetically when she comes. If she yells at me, I will tell her she sings as sweetly as a nightingale; and if she frowns, I will say she looks as clear as roses freshly washed with dew. If she will not speak a word, I will praise the eloquence of her language; and if she asks me to leave her, I will give her thanks as if she asked me to stay with her for a week."

Now Katherina entered with her nose in the air,* and Petruchio said, "Good day,* Kate, for that is your name, I hear."

Katherina did not like this informality and said,

---

throw one's hands in the air (아니라고 하듯) 손사래를 치다 pupil 학생, 제자 lute (악기) 류트 find fault with …을 흠잡다 hurry A for B A에게 다그치듯이 B를 요구하다 blunt 퉁명스러운 with one's nose in the air 거만한 태도로 good day 안녕하세요

disdainfully, "They call me Katherina, those who speak to me."

"You lie," replied Petruchio, "for you are plainly called Kate, and cheerful Kate, and sometimes Kate the Shrew, but, Kate, you are the prettiest Kate in Christendom.* Therefore, Kate, hearing your virtues praised in every town, and your beauty spoken of, I have been moved to woo you to be my wife."

"Moved!" she laughed, "then, let the person who moved you here remove you at once. I knew immediately that you were a movable.*"

"Why," he said, "what's a movable?"

"A stool.*"

"You're right. Come, sit on me."

"Asses are made to bear,* and so are you."

"Women are made to bear, and so are you."

"At least I'm not a tired old ass like you."

"Come, come, you wasp,* honestly, you buzz* too much."

"If I'm a wasp, beware of my sting."

"My cure is to pluck it out."

"Yes, if a fool like you could find it."

"Everyone knows where a wasp wears his sting – in his tail."

"In his tongue."

"Whose tongue?"

"Yours, because you tell tales, and so farewell."

"What! With my tongue in your tail?" he said, and seized her in his arms. "Please, good Kate, I am a gentleman."

"I'll test that," said Katherina, and she struck him.

"I swear I'll slap you if you strike me again."

"Then you will lose your arms* if you strike me. You are no gentleman, and if no gentleman, then no arms. You will lose your crest* – a coxcomb.*"

"A combless* cock, so Kate will be my hen."

"No cock of mine. You crow* too much like a coward."

Kissing her hand he said, "Come, Kate, come, you must not look so sour.*"

She slipped away, saying, "If I displease you, you can go."

Christendom 기독교 세계 movable 움직일 수 있는 물건 stool (등받이 없는) 걸상 bear 깔고 앉다 wasp 말벌 buzz (벌이) 윙윙거리다 arms 두 팔, 가문(家紋); 두 의미가 중의적으로 쓰임 crest (닭 등의) 볏 coxcomb 볏 모양의 남성용 모자 combless 볏이 없는 crow (수탉이) 울다 sour 심술 난

The Taming of the Shrew | 93

"No, not at all," he said, catching her once more, and speaking gently as she struggled and tried to bite and scratch him. "I find you very gentle. I was told that you were rough and sullen, but that is not true. You are pleasant, playful, polite, and gentle in speech,* and as sweet as springtime flowers."

He released her and continued speaking sweetly, "You can't frown or look suspicious, nor bite your lip, as angry girls will. Nor do you take pleasure in* being cross.* With mildness and gentle talk you entertain* your wooers. O slanderous world! Sweet Katherina, let's set all this chat aside* to speak plainly. Your father has consented that you shall be my wife, and your dowry has been agreed on. I will marry you whether you like it or not. Now, Kate, I am the best husband for you, for I see your beauty, and your beauty makes me like you very much. You must be married to no man but me, for I am born to tame you, Kate, and bring you from a wild Kate to a Kate as conformable* as other household* Kates. Here comes your father. Don't deny me, I must and will make you my wife."

Baptista returned and said, "Now, Signor

Petruchio, how did things go with my daughter?"

"Very well, of course, how else could it possibly go?" said Petruchio.

"Why, what's wrong, daughter Katherina, are you upset?" asked her father.

"You call me daughter?" said Katherina. "What kind of father would wish his daughter married to a lunatic and hooligan* who uses bad language?*"

"Father, this is the truth," said Petruchio, "yourself and all the world that talked about her have spoken wrongly. She's not argumentative, but as gentle as a dove. She is not hot, but mild as the morning sun. She is patient and chaste, and we have got on so well together that we have decided that Sunday is the wedding day."

"I'd rather see you hanged on Sunday," said Katherina.

"She and I are very pleased with each other," said Petruchio. "We have made a bargain* when

---

in speech 말솜씨로 보자면 take pleasure in …하는 것을 즐거워하다 cross 성마른 entertain …을 접대하다 set... aside …을 치워두다(무시하다) conformable 양순한 household 어느 집에나 있는 hooligan 건달, 불량배 bad language 상소리 make a bargain 합의를 보다

we were alone that she shall pretend to curse me in company.* I tell you, it's incredible how much she loves me. O! The kindest Kate! She hung about my neck,* and kiss after kiss came so quickly, and promise after promise, that in an instant she won my love." Then snatching her hand, he said, "Kate, I will go to Venice to buy clothes for our wedding day. Prepare the feast, Father, and invite the guests. I will be sure my Katherina looks beautiful on the day."

"I don't know what to say," said Baptista, "give me your hands. God send you joy, Petruchio! It is a match.*"

"Father, wife, and gentlemen, good bye," said Petruchio, "I have to go to Venice to shop for the wedding. We will have rings and things and fine clothes. Kiss me, Kate, we will be married on Sunday." And before leaving, he seized her in his arms* again and kissed her. She broke away* and ran out of the room.

Part 3

On Sunday all the wedding guests were assembled, and they waited a long time for Petruchio, but he didn't come. Katherina wept, thinking that Petruchio had been playing a joke on her. At last, however, he appeared, but he brought none of the bridal finery* he had promised Katherina, nor was he himself dressed like a bridegroom. He was wearing strange and disorderly clothes, as if he meant to make fun of the serious business of marriage.* His servant, Grumio, was also strangely dressed, and both their horses were old and diseased.

Petruchio could not be persuaded to change his clothes. He said Katherina was to be married to him, and not to his clothes. Finding it was impossible to argue with him, they went to the church, but he continued to behave strangely.

---

in company 다른 사람이 옆에 있을 때는   hang about one's neck …의 목에 매달리다   It is a match. 결혼은 성사되었네.   seize... in one's arms …을 꽉 끌어안다   break away 뿌리치다, 도망가다   bridal finery (신부에게 주는) 혼수   serious business of marriage 신성한 결혼식

When the priest asked Petruchio if Katherina should be his wife, he swore so loud she should that the priest dropped his book in surprise. And as he stooped* to pick it up, this mad-brained* bridegroom gave him such a slap that the priest fell down and dropped his book again. And all the while they were being married he stamped and swore* so much that the high-spirited* Katherina trembled and shook with fear.

After the ceremony was over, while they were still in the church, he called for* wine, and drank a loud toast to* the company, and threw the sop* which was at the bottom of the glass into the sexton's* face. His reason for this strange act was that the sexton's beard grew so thin that it needed watering. Then he took his bride around the neck and kissed her lips so loudly that the whole church echoed. It was a mad marriage, but Petruchio was only acting wildly to succeed in his plot to tame his shrewish wife.

Baptista had provided a sumptuous* marriage feast, but when they returned from church, Petruchio took hold of* Katherina and declared that he would carry his wife home instantly. No protest of his father-in-law, nor angry words of

Petruchio took hold of Katherina and declared he would carry her home instantly.

---

stoop 몸을 굽히다 mad-brained 앞뒤 가리지 않는 swear 욕지거리하다
high-spirited 위세 당당한 call for …을 (가져오라고) 요구하다 drink a toast
to …에게 축배를 들다 sop (젖은) 빵 찌꺼기 sexton 교회지기 sumptuous
성대한 take hold of …을 움켜잡다

the enraged Katherina, could make him change his mind. He called for the horses, but she refused to go, saying, "No, do what you like, but I will not go today, nor tomorrow, not till I please myself. The door is open, sir, and there lies your way, so you may leave quickly while you still feel like it. I'll leave when I want to."

"O Kate! Be calm, please don't be angry," said Petruchio.

"I will be angry." said Katherina. "Father, be quiet, he shall stay till I am ready. Gentlemen, go forward to the bridal dinner.* A woman will be made a fool if she does not have the spirit to resist."

"They shall go forward to the dinner, Kate, at your command,*" said Petruchio. "Obey the bride, go to the feast, drink and celebrate, be merry and mad, or go hang yourselves, but my Kate must come with me," and he took her by the waist as if to* protect her from the company. "No, don't stamp, nor stare, nor complain. I will be master of what is mine. She is my goods, my chattels.* She is my house, my household stuff, my field, my barn, my horse, my ox, my ass, my anything. If anyone dares touch her I'll defend her. Grumio, draw your weapon,* we are surrounded by thieves and I must protect my wife. Don't fear, sweet girl, they shall not touch you, Kate. I'll defend you against a million." And he carried her away, with Grumio covering their retreat.*

Petruchio mounted his wife on* a miserable horse, lean and sick, which he had picked out for the purpose. They journeyed on through rough and difficult roads, and whenever this horse of Katherina's stumbled, he would storm* and swear at the poor old beast, which could hardly walk, as if he was the most hot-blooded* man alive.

Part 4

At last, after a weary journey, during which Katherina had heard nothing but the wild

---

bridal dinner 결혼 피로연 at one's command …의 명령에 따라 as if to 마치 …하려는 듯이 chattels 가재도구 draw one's weapon 무기를 빼들다 cover one's retreat …가 물러날 때 뒤에서 엄호하다 mount A on B A를 B에 태우다 storm 호통치다 hot-blooded 다혈질의

ravings* of Petruchio at the servant and the horses, they arrived at his house. Petruchio welcomed her kindly to her new home, but he resolved she should have neither rest nor food that night. The tables were spread, and supper soon served, but Petruchio pretended to find fault with every dish* and threw the meat on the floor. He ordered the servants to remove it. All this was for the love of his Katherina, he said. He did not want her to eat meat that was not well-prepared.

When Katherina, weary and hungry, went to bed, he found problems with* the bed. He threw the pillows and bedclothes about the room,* so that she was forced to sit in a chair. If she managed to fall asleep, she was immediately awakened by the loud voice of her husband, storming at the servants for making his wife's bridal bed badly.

The next day Petruchio continued in the same way. He spoke kind words to Katherina, but when she attempted to eat, finding fault with everything that was set before her, he threw the breakfast on the floor as he had done at the previous supper. Katherina, the proud* Katherina, was forced to beg the servants to secretly bring her some food. But they were instructed by Petruchio to reply that they dared not give her anything behind their master's back.

"Ah," she said, "did he marry me to famish* me? Beggars that come to my father's door have food given them. But I, who never knew what it was to ask for anything, am starved for lack of* food, giddy* for lack of sleep, woken with abuses,* and fed with brawling.* And the most annoying thing is that he does it under the name of perfect love, pretending that if I sleep or eat, it might kill me."

Petruchio then brought her a small portion of meat, and said to her, "How are you my sweet Kate? Here, love, see how diligent I am. I have prepared your meat myself. I am sure this kindness deserves thanks. What, not a word? So, you don't want the meat, and all my work is for nothing.*" He then ordered the servant to take the dish away.

---

wild ravings 미친 듯 떠드는 소리 dish 요리 find problems with …에 대해 트집을 잡다 about the room 방 안 사방에 proud 자존심 강한 famish 굶겨 죽이다 for lack of …가 없어서 giddy 어질어질한 abuses 욕지거리 brawling 싸움질 for nothing 헛된

The Taming of the Shrew | 103

Extreme hunger had reduced the pride of Katherina, and she said, "Please, leave it here."

Petruchio replied, "The poorest service is repaid with thanks, and so shall my service be thanked before you touch the meat."

Katherina reluctantly said, "I thank you, sir."

And now he allowed her to eat the small meal, saying, "Much good may it do your gentle heart, Kate, eat quickly! And now, my honey love, we will return to your father's house, and celebrate, with silk coats and caps and gold rings, with ruffs* and scarves and fans and many changes of clothes.*" And to make her believe he really intended to give her these things, he called in a tailor and a haberdasher,* who brought some new clothes he had ordered for her. He then gave her plate to the servant to take away, before she had finished eating.

The haberdasher presented a cap, and said, "Here is the cap you ordered, sir." Petruchio began to yell again, saying the cap was like a tiny soup bowl, and ordered the haberdasher to take it away and make it bigger.

Katherina said, "I will have this, all gentle-women* wear these caps these days."

"When you are gentle you shall have one too, and not till then," replied Petruchio.

The meat Katherina had eaten had lifted her fallen spirits,* and she said, "Sir, I trust I have permission to speak, and I will speak. I am no child, no baby. Your betters* have had to hear me and let me say my mind,* so if you cannot, you had better cover your ears."

Petruchio ignored her angry words, for he had happily discovered a better way of managing his wife than arguing with her. He answer was: "You are right, it is a worthless cap, and I love you for not liking it."

"Love me, or love me not," said Katherina, "I like the cap, and I will have this cap or none."

"You say you wish to see the gown," said Petruchio, still pretending to misunderstand her. The tailor then came forward and showed her a fine gown he had made for her. Petruchio, whose intention was that she should have neither cap nor gown, found as much fault with

---

ruff 러프: 16~17세기에 착용했던 주름 칼라 change of clothes 갈아입을 옷 haberdasher 잡화상 gentlewoman 지체 있는 여자 lift one's fallen spirits ⋯의 처진 기분을 북돋우다 your betters 당신보다 잘난 사람들 say one's mind 자신의 생각을 서슴없이 말하다

that. "O mercy, Heaven!*" he said, "what stuff is here! What, do you call this a sleeve? It is like a small cannon, carved up and down like an apple tart.*"

The tailor said, "You told me to make it according to the current fashion." Katherina said she never saw a better gown. Petruchio privately* arranged for the tailor and the haberdasher to be paid for their work, and to be asked to excuse his strange treatment. Then he drove them out of* the room with fierce words and furious gestures.

Turning to Katherina, he said, "Well, come, my Kate, we will go to your father's even in these poor clothes we now wear." He ordered his horses, stating they should reach Baptista's house by dinnertime, because it was only seven o'clock. In fact, it was not early morning, but the middle of the day when he said this. Therefore Katherina modestly said, being almost overcome by his wild manner, "I dare assure you, sir, it is two o'clock, and will be suppertime before we get there."

Petruchio wanted her to be so completely subdued* that she should assent to* everything he said before he carried her to her father. Therefore, as if he were the god of sun, and could command the hours,* he said the time was what he pleased it to be. He said, "For whatever I say or do, you still are disagreeing with me, I will not go today, and when I go, it shall be whatever o'clock I say it is." So Katherina was forced to practice her newly found* obedience for another day.

Only when she had learned not to contradict him in anything, would Petruchio allow her to go to her father's house. And even while they were traveling there, she was in danger of being turned back again, only because she said it was the sun that shone brightly at noon, when he stated it was the moon. "It shall be the moon, or stars, or whatever I please," he said, then made as if* he were going back again, but Katherina, no longer Katherina the Shrew but the obedient wife, said:

"Let us go forward, I pray, for now we have

O mercy, Heaven! 오, 하느님 맙소사! tart 파이 privately 몰래 drive A out of B A를 B 밖으로 몰아내다 be subdued 정복되다, 억눌리다 assent to …에 동의하다 command the hours 시간을 마음대로 호령하다 newly found 전에는 없었던(하지 않던) make as if …하는 시늉을 하다, …처럼 행동하다

come so far. And it shall be the sun, or the moon, or whatever you please, and if you please to call it a candle, I vow it shall be so for me."

To make sure this was true, he said again, "I say it is the moon."

"I know it is the moon," replied Katherina.

"You lie, it is the sun," said Petruchio.

"Then it is the sun," replied Katherina, "but it is not sun, when you say it is not. Whatever you name it, that is what it is, and so it shall always be for Katherina."

Now he allowed her to proceed on her journey. But to test her again, he addressed* an old gentleman they met on the road as if he was a young woman. "Good day, gentle lady," he greeted the old man, then asked Katherina if she had ever seen a fairer woman. He praised the red and white of the old man's cheeks, and compared his eyes to two bright stars. Then he said to the old man, "Fair lovely maid, once more good day to you!" and to his wife, "sweet Kate, embrace* her for her beauty's sake.*"

The now completely vanquished* Katherina quickly adopted her husband's opinion, and said to the old gentleman, "Young budding* lady, you

"It shall be the moon, or stars, or whatever I please," he said.

---

address …에게 말을 걸다 embrace …을 껴안다(포옹하다) for her beauty's sake 그녀의 아름다움을 봐서라도 vanquished 정복당한 budding 피어나는 꽃 같은

are fair, and fresh, and sweet. Where are you going, and where is your home? How happy your parents are to have so fair a child!"

"Now, Kate," said Petruchio, "I hope you are not mad. This is a man, old and wrinkled, faded and withered,* and not a maiden, as you say he is."

"Pardon me, old gentleman," said Katherina, quickly, "the sun has so dazzled* my eyes, that everything I look on seems green.* Now I see you are a wise old gentleman. I hope you will pardon me for my stupid mistake."

"Good old grandfather," said Petruchio, "please tell us which way you are traveling. We shall be glad of your good company,* if you are going our way.*"

The old gentleman replied, "Fair sir, you and your merry wife have amused me. My name is Vincentio, and I am going to visit a son of mine who lives at Padua."

Then Petruchio asked the old man his son's name, and learned he was the father of Lucentio, the young gentleman who Petruchio heard had recently succeeded in wooing Baptista's younger daughter, Bianca. Petruchio made Vincentio very happy by telling him that his son was about to be married to the daughter of a rich man.

Part 5

They all journeyed on pleasantly together till they came to Baptista's house, where there was a large company assembled to celebrate the wedding of Bianca and Lucentio. Baptista had willingly consented to the marriage of Bianca when he had got Katherina off his hands.* When they entered, Baptista welcomed them to the wedding feast.

Lucentio, Bianca's husband, and Hortensio, who married a widow after being refused by Bianca, could not resist making jokes about Petruchio's shrewish wife. These happy bridegrooms seemed very pleased with the mild tempers* of the ladies they had chosen, and laughed

---

faded and withered 시들고 말라버린 **dazzle** 눈이 부시게 하다 **green** 싱싱한, 젊은 **We shall ~ good company** 기꺼이 동행이 되어 드리겠습니다 **go our way** 우리와 가는 방향이 같다 **have got... off one's hands** (귀찮은 의무 등을) 벗어버리다 **mild temper** 얌전한 성격

The Taming of the Shrew | 111

at Petruchio for his less fortunate choice. Petruchio took little notice of* their jokes till the ladies were retired* after dinner, and Baptista himself joined in the laughter against him. Then Petruchio said that his wife would prove more obedient than theirs. Baptista, the father of Katherina, said, "Now, I'm sorry, son Petruchio, but I fear you have the greatest shrew of all."

"Well," said Petruchio, "I say no, and to prove I speak the truth, let each one of us send for his wife, and the one, whose wife is most obedient and comes quickest, shall win a bet.*"

The other two husbands willingly agreed. They were quite confident that their gentle wives would prove more obedient than the headstrong* Katherina, and they proposed a wager* of twenty crowns. But Petruchio cheerfully said he would bet as much as that on* his hawk or hound,* but twenty times as much on his wife. Lucentio and Hortensio raised the wager to a hundred crowns.

First Lucentio sent his servant to tell Bianca to come to him. But the servant returned, and said, "Sir, my mistress sends you word that she is busy and cannot come."

"How can she say she is busy and cannot

come?" said Petruchio. "Is that an answer for a wife?" Then they laughed at him, and said he would be lucky if Katherina did not send him a worse answer. And now it was Hortensio's turn to send for his wife, and he said to his servant, "Go and entreat my wife to come to me."

"Oh ho! Entreat her!" said Petruchio. "Then she will certainly come."

"I am afraid, sir," said Hortensio, "your wife will not be entreated.*" But soon this husband looked surprised when the servant returned without his mistress. He said to the servant, "Where is my wife?"

"Sir," said the servant, "my mistress says she will not come. She bids* you come to her."

"Worse and worse!" said Petruchio, and then he sent his servant. "Go to your mistress, and tell her I command her to come to me."

The company had scarcely had time to comment on this, when* Baptista, in amazement, exclaimed, "Here comes Katherina!"

---

take little notice of …에 별로 신경 쓰지 않다 be retired 자리를 뜨다 win a bet 내기에서 이기다 headstrong 고집 센 wager 내깃돈 bet A on B B에 A를 걸고 내기하다 hound 사냥개 be entreated 청을 받아들이다 bid A B(원형부정사) A에게 B하라고 명령하다 scarcely A when B A하자마자 B하다

Katherina entered and said meekly* to Petruchio, "What do you want, sir?"

"Where are your sister and Hortensio's wife?" asked Petruchio.

Katherina replied, "They sit talking by the parlor fire.*"

"Go and bring them here!" said Petruchio. And away went Katherina without another word to perform her husband's command.

"Here is a wonder," said Lucentio.

"It certainly is," said Hortensio, "I wonder what it means."

"It means peace," said Petruchio, "and love, and quiet life, and right supremacy,* and to be brief, everything that is sweet and happy."

"Now, son Petruchio!" said Baptista, "you have won the wager, and I will add another twenty thousand crowns to her dowry, as if she were another daughter, for she is changed into a new person."

"Wait," said Petruchio, "I will win the wager better yet,* and show more signs of her new virtue and obedience." Katherina now entered with the two ladies, and he continued, "See how she comes, and how she has brought your disobedient wives as prisoners to* her womanly persuasion. Katherina, that cap of yours does not suit you. Take it off and throw it away."

Katherina instantly took off her cap, and threw it down.

"Lord!" said Hortensio's wife, "I hope I never do something that silly!"

"What foolish duty do you call this?" said Bianca.

"I wish your duty were as foolish too!" said Bianca's husband. "The wisdom of your duty, fair Bianca, has cost* me a hundred crowns."

"You're a fool," said Bianca, "for betting on my duty."

"Katherina," said Petruchio, "I want you to tell these headstrong women what duty they owe their lords and husbands."

"Come, come, you're mocking, we will have no preaching,*" said Hortensio's wife.

"Come on," said Petruchio, "first begin with her."

---

meekly 다소곳이, 얌전히 parlor fire 거실 난롯가 right supremacy 올바른 주도권 I will win the wager better yet 내기에서 이기려면 확실하게 이겨야 죠 bring A to B A로 하여금 B를 따르도록 굴복시키다 cost A B A에게 B의 손해를 보게 하다 preaching 설교

The Taming of the Shrew | 115

"She shall not," said Hortensio's wife.

"I say she shall," said Petruchio.

"First of all, brighten your face," said Katherina. "And don't cast scornful glances from your eyes to wound your lord, your king, your governor. It spoils your beauty, and is not attractive in any way. An angry woman is like a broken fountain thick with* mud and without beauty. And while it is so, even the thirstiest man will not sip or touch one drop of it. Your husband is your lord, your life, your keeper, your head, and your sovereign.* He cares for you, and for your comforts he works hard on both sea and land. He watches the night* in storms, the day in cold, while you lie warm at home, secure and safe. And he wants no other payment from you but love, fair looks, and true obedience – such little payment for so great a debt. The duty that the subject owes the prince, a woman owes her husband.

"And when she is angry, sullen, sour, and not obedient to his honest will, she is just a foul and graceless traitor to her loving lord. I am ashamed that women are so simple* as to offer war* when they should kneel for peace, or seek for* rule and supremacy when they must serve, love, and obey. Our bodies are soft and weak and smooth, and our hearts should well agree with* them. Come, come, you disobedient women! I was once like you, but now I see that when we fight, our lances* are only straws. So kneel before your husband's foot, and do whatever duty he pleases. My hand is ready for him, may it give him ease."

"What a woman!" said Petruchio. "Come on, and kiss me, Kate. Good night, everybody!" Leaving the bridal party* amazed and impressed, and with congratulations from Baptista and the other husbands, the two of them went off to bed.

---

thick with …로 가득한 sovereign 군주 watch the night(day) 밤(낮)에 쉬지 않고 주위를 기울이다 simple 무식한, 철없는 offer war 전쟁을 자초하다 seek for …을 원하다 agree with …에 동화되다 lance 창 bridal party 결혼식 하객들

The Taming of the Shrew

Twelfth Night, or What You Will

Love sought is good,
but given unsought better.

CHARACTERS

Orsino Duke of Illyria
Olivia a rich countess
Sebastian a young gentleman
Viola (Cesario) Sebastian's twin sister
A sea-captain Viola's friend
Antonio another sea-captain, Sebastian's friend
A rejected suitor of Olivia

Part 1

Orsino was the duke and ruler of Illyria. He was in love with Lady Olivia, but she seemed quite uninterested in him. One day the lovesick* duke lay in his chamber,* passing his time* listening to music. When the musicians finished playing, he said, "If music is the food of love, play on. Give me too much of it, so that my appetite may sicken* and die."

So the musicians resumed* playing.

"That melody again – it had a dying fall,*" said the duke. "O, it came over my ear like the sweet south wind that breathes upon a bank of violets,* stealing and giving its scent. Enough, no more, it is not so sweet now as it was before."

So the musicians stopped, looked at each other, and rolled their eyes.*

"O spirit of love, how lively and avid* you

---

lovesick 상사병에 걸린 chamber 침실 pass one's time ...ing …하면서 시간을 보내다 sicken 메스꺼워지다 resume 다시 시작하다 dying fall 잦아 들어가는 소리 bank of violets 제비꽃이 만발한 강둑 roll one's eyes (이해가 안 된다는 듯이) 눈을 상하좌우로 움직이다 avid 탐욕스런

are!" continued the duke, "you throw people like ships on a wild sea, and in a minute they are wrecked.*"

Meanwhile, Sebastian and his twin sister, Viola, were both in danger of drowning, for they were actually shipwrecked on the coast of Illyria. The ship, on which the young gentleman and lady were sailing, was split on a rock in a violent storm, and only a very small number of the ship's company* survived. The captain of the vessel* got to shore in a small boat with a few of the sailors and Viola. The poor lady didn't celebrate her lucky escape, but began to mourn* her brother's loss. However, the captain comforted her saying that he had seen her brother holding onto a strong mast* which drifted away in the waves. Viola was much happier after hearing that, and now wondered what to do in this strange country, so far from home. She asked the captain if he knew anything about Illyria.

"Aye,* I know it very well, madam," replied the captain, "for I was born only three hours away from this place." The captain went on to tell her that Illyria was governed by Orsino, a noble duke. Viola said she had heard her father speak of Orsino, and that he was unmarried.

"And he still is," said the captain, "or he was just a month ago, when I was here last time. At that time it was rumored that Orsino sought* the love of fair Olivia, a virtuous maid, the daughter of a count* who died a year ago. The count left Olivia in the protection of her brother, but shortly after he also died. And as a token of* mourning for this dear brother, they say, she has given up the sight and company of men."

Viola, who was herself feeling grief for her own brother's loss, wished she could live with this lady, who so tenderly mourned a brother's death. She asked the captain if he could introduce her to Olivia, saying she would willingly serve this lady. But he replied that this would be impossible because the lady Olivia would admit no person into* her house since her brother's death, not even the duke himself.

Viola didn't want to face the real world for a while, at least until she knew for sure what had

---

be (ship)wrecked (배가) 난파되다 ship's company 배에 함께 탄 일행 vessel 배, 선박 mourn …을 슬퍼하다 mast 돛대 aye 그럼(요) seek …을 얻으려 노력하다 count 백작 as a token of …에 대한 표시로 admit A into B A가 B에 들어오도록 허락하다

happened to her twin brother. So Viola had an idea, which was to dress like a man and serve Duke Orsino as a page. It was a strange plan, though, for a young lady to put on men's clothes and pass for* a boy.

She liked and trusted the captain, so she told him her plan, and he quickly agreed to assist her. Viola gave him money and directed him to find her suitable clothes, of the same color and fashion as her brother Sebastian used to wear. When she was dressed in her manly clothes she looked exactly like her twin brother.

Viola's good friend, the captain, had some contacts at court.* So after he had transformed this pretty lady into a gentleman, he was able to present her to Orsino under the false name of Cesario. The duke was very much pleased with the manners and grace of this handsome youth, and made Cesario one of his pages. She was so good at her new job, and showed such faithful attachment to her lord that she soon became his favorite attendant.

Part 2

To Cesario Orsino confided* the whole history of his love for the lady Olivia. He told the long and unsuccessful suit* he had made to Olivia, who now rejected him and refused even to see him. For the love of this lady who had so unkindly treated him, the noble Orsino had given up all the manly exercises and sports which he used to enjoy. He now passed his hours lazily, listening to soft music, gentle airs,* and passionate love songs, and neglected the company of the wise and learned lords with whom he used to associate.* He spent all day long telling the young Cesario his problems and sorrows.

It is a dangerous matter for a young maiden to be the confidante* of a handsome young duke. Viola soon fell in love with the duke, and it seemed hard for her to believe that Olivia could

---

pass for(as) …인 척하며 살다　have some contacts at court 궁정에 아는 사람이 좀 있다　confide A to B B에게 A를 털어놓다: 본문에서는 to B가 문장 앞에 위치함　suit (여성에 대한) 구애, 구혼　gentle airs 부드러운 선율　associate with …와 교제하다　confidante 비밀을 털어놓는 여자상대

be so uninterested in her noble lord. She said to him that it was a pity the lady was so blind to his good qualities, and she asked, "If a lady were to love you, my lord, as you love Olivia (and perhaps there may be one who does), but if you could not love her in return, would you tell her that you could not love? Must she be content with this answer?"

But Orsino did not agree with this reasoning. He denied that it was possible for any woman to love as he did love Olivia. He said, "No woman's heart is big enough to hold so much

To Cesario Orsino confided his love for the lady Olivia.

love, and therefore it is unfair to compare the love of any lady for me, to my love for Olivia."

Now, though Viola greatly respected the duke's opinions, she did not think this was quite true, for she thought her heart had as much love in it as Orsino's had. She said, "Ah, but I know, my lord."

"What do you know, Cesario?" asked Orsino.

"Too well I know," replied Viola, "what love women may harbor for* men. They are as true of heart* as we men are. My father had a daughter who loved a man, as I perhaps should love you, my lord, if I were a woman, because I could never love a woman as much as I love you."

"And what is her history?" said Orsino.

"Nothing, my lord," replied Viola, "she never told her love, but let the secret, like a worm in the bud, feed on* her pink cheek. She pined away in thought,* and in melancholy,* she sat like a monument of Patience, smiling at Grief. This was true love, my lord. We men may say

---

be blind to …을 간과하다 harbor A for B B를 향해 A의 감정을 품다 be true of heart 진실된 사랑을 하다 feed on …을 (좀)먹다 pine away in thought 상념으로 인해 수척해지다 in melancholy 수심에 차서

more, and promise more, but we do less for our love."

The duke asked if this lady died of* her love, but Viola gave an evasive* answer, for she had been hinting at* the secret love and silent grief she suffered for Orsino.

While they were talking, a gentleman entered. He had been sent to Olivia at the duke's request. He said, "My lord, I was not allowed to see the lady, but by her handmaid she returned you this answer: For seven years she shall not show her face, but will walk veiled,* watering her chamber with* her tears for the sad remembrance of her dead brother."

On hearing this, the duke exclaimed, "Oh, she has such a fine heart to pay her love to a dead brother that way. How passionately will she love if the golden arrow of Cupid* touches her heart!" And then the duke said to Viola, "You know, Cesario, I have told you all the secrets of my heart, therefore, good youth, go to Olivia's house. Don't let them turn you away,* stand at her door, and tell her you must speak to her or you shall stay there till your feet grow roots."

"And if I do speak to her, my lord, what then?"

asked Viola.

"O then," replied Orsino, "tell her of my passionate love. Tell her in detail of my dear feelings."

Part 3

So away went Viola to woo a lady for the man she herself was in love with. Olivia soon heard that a youth was at her door who insisted on being admitted.

"I told him, my lady," said the servant, "that you were sick, and he said he knew you were, and therefore he came to speak with you. He has an answer for every excuse. What shall I say to him? It seems he will speak with you, whether you want to or not."

Olivia was curious to see this persistent messenger and allowed him to be admitted, and,

---

die of …로 죽다 evasive 얼버무리는, 애매한 hint at …을 넌지시 비추다 walk veiled 베일을 쓰고 다니다 water A with B A를 B로 적시다 the golden arrow of Cupid 큐피드의 금화살; 큐피드의 화살에 맞으면 사랑에 빠짐 turn... away …을 쫓아내다

throwing her veil over her face, prepared to hear another message from Orsino. Viola entered, put on the most manly air she could,* and said to the veiled lady, "Most radiant, exquisite, and matchless beauty, I pray you tell me if you are the lady of the house, for I should be sorry to waste my speech on* the wrong person. It is extremely well-written and I have taken great trouble to* learn it. Good madam, let me see your face."

"Are you a comedian?" said Olivia.

"No, and I am not what I play, either," replied Viola, secretly meaning that she was pretending to be a man. Again she asked Olivia if she were the lady of the house. Olivia said she was. Then Viola, having more curiosity to see her rival's face than haste to* deliver her master's message, said, "Good madam, let me see your face."

Olivia felt like complying with* this bold request, because this haughty lady, whom Duke Orsino had loved so long in vain,* had a passion at first sight* for the page, the humble Cesario.

"Have you got orders from your lord to negotiate with my face?" said Olivia. And then, forgetting her vow to remain veiled for seven long years, she drew aside her veil, saying, "But I will draw the curtain and show the picture. Is it well-done?"

Viola replied, "It is a true beauty. The red and white on your cheeks is painted on by Nature's own skillful hand. You are the cruelest lady alive if you will take these graces* to the grave, and leave the world no copy."

"O, sir," replied Olivia, "I will not be so cruel. The world may have an inventory* of my beauty. Like, item 1: two plain red lips, item 2: two grey eyes with lids on them, one neck, one chin, and so on. Were you sent here to praise me?"

Viola replied, "I see what you are; you are too proud, but you are fair. My lord loves you. O his love should be rewarded, even though you are crowned the queen of beauty, for Orsino loves you with adoration and with tears, with groans of love, and sighs of fire."

"Your lord," said Olivia, "knows my mind well. I cannot love him, even though he is virtuous, noble, rich, healthy, and young. Everyone

---

put on the most manly air one can 최대한 남자다운 척하며 waste A on B A를 B에 허비하다 take trouble to ⋯하느라 애를 먹다 haste to 급히 ⋯하려는 마음 comply with ⋯에 따르다 in vain 헛되이, 성과 없이 at first sight 첫눈에 graces 아름다운 용모 inventory 명세서, 목록

says he is learned, courteous, and brave, yet I cannot love him. He should have realized this long ago."

"If I did love you as my master does," said Viola, "I would make a willow cabin* at your gates, and call your name. I would write complaining sonnets* to you, and sing them in the middle of the night. Your name should sound* among the hills, and the echo would cry out *Olivia*. You would not be able to rest until you took pity on me."

"You might do much,*" said Olivia, "which family are you from?"

Viola replied, "I was well-born, I am a gentleman."

Olivia now reluctantly dismissed* Viola, saying, "Go to your master, and tell him I cannot love him. Let him send no more messages, unless you come again to tell me how he takes it.*"

When she was gone, Olivia said to herself, "He is a gentleman. I swear he is. His words, his face, his limbs, action, and spirit plainly show he is a gentleman." She wished Cesario was the duke, and realized how quickly she had fallen for him. She blamed herself for her sudden love. But the blame which people lay on their own faults has no deep root. She decided to court the love of young Cesario, and sent a servant after him with a diamond ring, under the pretense that* the page had left it with her as a present from Orsino. She hoped Cesario would understand her feelings when he received the present of the ring.

And Viola did understand, for she knew that Orsino had sent no ring with her, and she remembered Olivia's looks and manner had expressed admiration. She realized Olivia had fallen in love with her.

"Alas,*" said Viola, "the poor lady might as well love a dream. Disguise is wicked, for it has caused Olivia to breathe as many fruitless sighs for me as I do for Orsino."

Viola returned to Orsino's palace, and told her lord the failure of the visit, repeating the command of Olivia that the duke should not trouble

---

willow cabin 버드나무로 지은 오두막집 sonnet (시의 한 형식) 소네트 sound 울려 퍼지다 You might do much. 당신은 그러고도 남겠네요. dismiss …에게 가라고 하다 how he takes it 그가 그것을 어떻게 받아들이는지 under the pretense that …라는 구실로 alas (슬픔을 나타내는 감탄사) 아아

her any more. But the duke continued to hope that the gentle Cesario would eventually persuade her to show some pity. He told his page that he should go to Olivia again the next day.

Then he requested his clown to sing a song which he loved to hear, and he said, "My good Cesario, when I heard that song last night, I thought it did relieve* my passion. Listen, Cesario, it is old and plain. The spinsters* and the knitters, sitting in the sun, and the young maids that weave* their thread with bone needles, chant this song. It is silly, yet I love it, for it tells of the innocence of love in the old times."

"Come away, come away, Death,
And in sad cypress coffin* let me be laid;
Fly away, fly away, breath,
I am slain by* a fair cruel maid.
My white shroud,* covered with yew,* O
prepare it!
My kind of death no one truly did share it.
Not a flower, not a flower sweet,
On my black coffin let there be strewn:*
Not a friend, not a friend greet
My poor corpse, where my bones shall be

thrown.

To save* a thousand, thousand sighs, lay me where

Sad true lover never finds my grave, to weep there!"

Viola was moved by the words of the old song which truly described the pains of unrequited love.* Orsino saw her sad looks, and said to her, "Cesario, though you are so young, your eye has already found a face that it loves, has it not, boy?"

"A little," replied Viola.

"And what kind of woman, and how old is she?" said Orsino.

"The same age and complexion* as you, my lord," said Viola.

The duke smiled to hear this fair young boy loved a woman so much older than himself and of a man's dark complexion. Viola secretly meant Orsino, and not a woman like him.

---

relieve 해소하다, 진정시키다 spinster 실 잣는 여자 weave (천이나 실을) 짜다
cypress coffin 삼나무로 지은 관 be slain by …에 의해 살해되다 shroud
수의 yew 조목나무 be strewn on …위에 뿌려지다 save …을 면하게 하
다 unrequited love 짝사랑 complexion 피부 상태(빛)

"She is too old, by heaven!" cried the duke. "The woman must be younger than the man, so she grows to understand her husband's heart. Boy, however much we praise ourselves, our feelings change more often than women's."

"I think you are right, my lord," said Viola.

"Let your love be younger than yourself," said the duke, "for women are like roses, whose fair flower falls soon after being displayed."

"Yes, it is true," said Viola, "they die as soon as they grow to perfection.*"

Part 4

When Viola made her second visit to Olivia, she was allowed in immediately. The instant Viola arrived, the gates were thrown wide open,* and the duke's page was shown into* Olivia's apartment* with great respect. When Viola told Olivia that she had come once more to plead on her lord's behalf,* this lady broke in* and said to Viola:

"Give me your hand, sir. What is your name?"

"Cesario is your servant's name, my lady," said Viola.

"You are not my servant, sir!" said Olivia. "You are servant of Duke Orsino."

"And he is your servant," said Viola, "and your needs* are his. Your servant's servant is your servant, madam."

"I don't care for him or his thoughts," said Olivia. "I wish they were blank rather than filled with me!"

"Madam," said Viola, "I have come to direct your gentle thoughts upon* him..."

"O, please, never speak again of him," said Olivia. "But if you would begin another suit, I would rather hear that more happily than the music of Heaven."

"Dear lady," replied Viola, shocked, "I pity you."

"Pity is a part of love," said Olivia.

"No, not at all, very often we pity enemies," said Viola.

---

grow to perfection 정점에 이르다, 완벽해지다 be thrown wide open (문이) 활짝 열리다 be shown into …안으로 안내되다 apartment 처소, 방 on one's behalf …을 대신해서(위해서) break in (상대의 말을 끊고) 끼어들다 needs 필요, 요구 direct A upon B A를 B에게 향하게 하다

"O," said Olivia, "if I should fall prey,* it would be much better to fall before the lion than the wolf!" Then the clock struck, and she said, "The clock scolds me for* wasting time. Don't be afraid, good youth, I will not have you. You are young and clever, and when you marry, your wife will have a good man. Farewell."

"Farewell," said Viola. "May grace and good nature be with you! Do you have nothing, madam, to tell my lord?"

Olivia saw displeasure and confusion in Viola's face. "Wait. Please tell me what you think of me,*" she said. "O even that scorn looks beautiful in the contempt and anger of his lip! Cesario, by the roses of the spring, by honor, and by truth, I love you so much that I have lost my pride. I have neither wit nor reason to conceal my passion. And don't ask for a reason for my love, for love sought is good, but given unsought better.*"

"I swear that no woman has had my heart, nor ever will have it, except me alone," said Viola. "And so farewell, good madam, I won't come again only to hear you scorn my master's tears."

Moments after Viola left the lady, she was

Viola was saved from her terror
by a stranger who was passing by.

---

fall prey 먹이가 되다 scold A for B B했다고 A를 나무라다 what you think of me 당신이 나를 어떻게 생각하는지 love sought ~ unsought better 구해서 얻는 사랑보다 구하지 않고 얻는 사랑이 더욱 좋다

challenged to a duel by* a man. The man was a friend of Olivia's uncle, who had courted her and been rejected. Olivia's uncle told him that his niece had fallen for the duke's page, and this enraged suitor had been waiting for Viola to pick a fight.* What could poor Viola do? Even though disguised as a man, she had a woman's heart, and feared even to look on her own sword.

When she saw her rival advancing toward her with his sword drawn, she began to think of confessing that she was a woman. But she was saved from her terror, and the shame of such a discovery, by a stranger who was passing by. He came up to them, and as if he was Viola's dearest friend, faced up to her opponent, and said, "If this young gentleman has offended you, I will take the blame,* and if you offended him, I will fight you for him."

The suitor backed down,* but Viola didn't have time to thank her new friend for his protection, or to ask the reason of his assistance, because some of the duke's officers of justice* approached him. To her surprise, her savior was arrested on the spot* for an offense he had committed several years before.

He said to Viola, "This is what happens when I come looking for you," and then he continued, "now I must ask you to give me back my wallet, and it grieves me much more for* what I cannot do for you, than for what happens to myself. You look amazed, but don't worry."

His words really did amaze Viola. She said that she didn't know him, nor ever received a wallet from him, but for the kindness he had just shown her, she offered him a small sum of money, nearly everything she had. And now the stranger got angry, accusing her of ingratitude and unkindness.

He said to the officers, "As you see here, I snatched this youth from the jaws of death,* and for his sake alone I came to Illyria, and have fallen into this danger." But the officers didn't listen to the complaints of their prisoner, and said, "What is that to us?" They took him away.

As he was carried away, the man called Viola by the name of Sebastian, reproaching her for disowning his friend. When Viola heard herself

---

be challenged to a duel by ⋯에게 결투신청을 받다 pick a fight 싸움을 걸다 take the blame 그 책임을 지다 back down 물러나다 officer of justice 경관 on the spot 현장에서 it grieves one for ⋯때문에 마음이 아프다 from the jaws of death 코 앞에 닥친 죽음으로부터

Twelfth Night, or What You Will | 141

called Sebastian, though the stranger was already too far away for her to ask for an explanation, she realized that she might have been mistaken for her brother. She thought that it was her brother whose life this man said he had saved, and began to hope her brother was alive. And so he was.

The stranger, whose name was Antonio, was a sea-captain. He had found Sebastian, almost exhausted with fatigue, hanging onto the mast in the storm. Antonio formed such a strong friendship with Sebastian that he decided to accompany him wherever he went. So when Sebastian wanted to visit Orsino's court, Antonio came to Illyria, though he knew his life could be in danger, because he had once wounded Duke Orsino's nephew in a sea fight.* This was the offense for which he was now arrested.

Antonio and Sebastian had arrived in Illyria, only a few hours before Antonio met Viola. Antonio had given his wallet to Sebastian and waited at the inn while Sebastian went out to buy anything he needed in town. But when Sebastian had not returned at the agreed time, Antonio went out to look for him. Because Viola was dressed the same as her brother, and her face was so similar to his, Antonio drew his sword to help his friend, thinking Sebastian was being attacked. So, when the person who he thought was Sebastian disowned him and refused to return his wallet to him, it was no wonder* he got angry and accused him of betrayal.

After Antonio was arrested, Viola was afraid of another challenge to fight, so she slunk* home as fast as she could. She had not been long gone, when the rejected suitor found his rival return. The suitor said, "Now, since I have met with* you again, there's for you,*" and struck him a blow.* But in fact, it was Sebastian this time, who was no coward. He returned the blow with interest,* and drew his sword.

This time, the duel was put to a stop* by a lady, for Olivia came out of the house, and she also mistook Sebastian for Cesario. She invited him to come into her house, apologizing deeply for the rude attack he had met with because of her

---

sea fight 해상전투 it is no wonder (that) …하는 것도 무리가 아니다 slink 몰래 도망치다 meet with …와 마주치다 there's for you 어디 맛 좀 봐라 strike... a blow …을 (주먹으로) 한 방 먹이다 with interest 더 세게, 이자를 붙여서 be put to a stop 중단되다

Twelfth Night, or What You Will | 143

suitor. Sebastian was as much surprised at the kindness of this lady as at the rudeness of his unknown foe,* but he went very willingly into the house. Olivia was delighted to find Cesario (as she thought) become more responsive to* her romantic advances.*

Sebastian very much enjoyed the attention the lady lavished on* him, but at first he wondered if Olivia was in her right senses.* But he saw that she was mistress of a fine house, and that she controlled her affairs and governed her attendants reasonably. She appeared in the full possession of her reason, apart from her sudden love for him. He was very happy with Olivia's courtship.* Olivia, finding Cesario in this good mood, and fearing he might change his mind, proposed that they should be instantly married. Sebastian agreed, and when the marriage ceremony was over, he left his lady for a short time to go and tell his friend Antonio of his marriage.

Part 5

In the meantime Orsino came to visit Olivia, and at the moment he arrived before Olivia's house, the officers of justice brought their prisoner, Antonio, before the duke. Viola was with the duke, her master. When Antonio saw Viola, whom he still imagined to be Sebastian, he told the duke how he had rescued this youth from the sea, and that for the last three months, both day and night, this ungrateful youth had been with him.

But now Lady Olivia came out of her house, and the duke could no longer listen to Antonio's story. He said, "Here comes the countess.* Now Heaven walks on earth! But you, fellow, your words are madness. For the last three months this youth has attended on me." And then he ordered Antonio to be taken away.

---

foe 적, 원수 responsive to …에 관심을 보이는(반응하는) romantic advances 구애 lavish A on B A를 B에게 아낌없이 주다 be in one's right senses 정신이 멀쩡하다(= be in the full possession of one's reason) courtship 구애 countess 백작의 딸(부인)

But Orsino's heavenly countess, Olivia, soon gave the duke a reason to accuse Cesario of betrayal as much Antonio had done. When he heard Olivia speak loving words to Cesario, the duke wanted terrible revenge. He called Viola to follow him. "Come, boy, with me. My thoughts are full of harm,*" he said. Though it seemed he was going to put Viola to instant death in his jealous rage, her love made Viola brave, and she said she would most joyfully suffer anything if it gave her master ease.

However, Olivia did not want to lose her husband, and she cried, "Where goes my Cesario?"

Viola replied, "After the man I love more than my life."

Olivia, however, prevented their departure by loudly proclaiming that Cesario was her husband, and sent for the priest, who declared that not two hours had passed since he had married the lady Olivia to this young man. Viola protested she was not married to Olivia, but the evidence* of that lady and the priest made Orsino believe that his page had robbed him of* the treasure he prized above* his life.

Orsino was bidding farewell to* his faithless*

lady, and warning Viola never to come in his sight* again, when (as it seemed to them) a miracle appeared! Another Cesario arrived, and addressed Olivia as his wife. This new Cesario was Sebastian, the real husband of Olivia.

While everyone looked in bewilderment* at the two young people with the same face, the same voice, and the same clothes, the brother and sister began to question each other. Viola was overjoyed to finally meet her brother living and safe, and Sebastian was amazed to find his sister, who he supposed was drowned, in the clothes of a young man.

All the misunderstandings were cleared up which the extreme likeness between this twin brother and sister had caused. They laughed at the lady Olivia for the pleasant mistake she had made in falling in love with a woman. Olivia was happy when she found she had married the brother instead of the sister.

The hopes of Orsino were ended forever by

My thoughts are full of harm. 혼내주고 싶은 마음이 간절하다. **evidence** 증언, 증거 **rob A of B** A에게서 B를 강탈하다 **prize A above B** A를 B보다 더 소중히 여기다 **bid farewell to** …에게 작별을 고하다 **faithless** 사랑(믿음)을 저버린 **come in one's sight** …의 눈에 띄다 **in bewilderment** 어리둥절해서

this marriage of Olivia, and with his hopes, all his fruitless love seemed to vanish away. All his thoughts were now fixed on* his favorite, young Cesario being changed into a fair lady. He viewed Viola with great attention, and he remembered how handsome he had always thought Cesario was. He concluded *she* would look very beautiful in a woman's dress. He remembered how often she had said *she loved him*, which at the time seemed only the dutiful expressions of a faithful page. But now he guessed that something more was meant, for many of her sayings, which were then like riddles* to him, came now into his mind.*

As soon as he remembered all these things, he decided to make Viola his wife. He said to her (he still could not help* calling her *Cesario* and *boy*), "Boy, you have said to me a thousand times that you could never love a woman as much as me. So for the faithful service you have done for me, and since you have called me master so long, you shall now be your master's mistress, and Orsino's true duchess.*"

Olivia invited them to enter her house, and asked the priest, who had married her to Sebastian in the morning, to perform the same ceremony for Orsino and Viola. Thus the twin brother and sister were both wedded on the same day. The storm and shipwreck which had separated them became the means of* bringing them high and mighty fortunes.* Viola was the wife of Orsino, the Duke of Illyria, and Sebastian the husband of the rich and noble countess, Lady Olivia.

---

be fixed on (생각이) …로 모아지다 riddle 수수께끼 come into one's mind 갑자기 생각나다 cannot help ...ing …하지 않고는 못 배기다 duchess 공작부인 the means of …하는 수단 high and mighty fortune 지체 높고 위엄 있는 신분

As You Like It

All the world's a stage,
and all the men and women merely players.

CHARACTERS

Duke Senior the duke in exile in the Forest of Arden
Duke Frederick Duke Senior's brother and usurper of the dukedom
Rosalind Duke Senior's daughter
Celia Duke Frederick's daughter
Orlando de Boys a noble young man
Oliver de Boys Orlando's elder brother
Adam Orlando's servant
Jaques a follower of Duke Senior

Part 1

During the time that France was divided into provinces (or dukedoms as they were called), a younger brother deposed* and banished his elder brother, the lawful duke. Duke Senior* retired with a few faithful followers to the Forest of Arden. The good duke's loving friends put themselves into a voluntary exile* into the forest for his sake, and lived with him, while the false usurper* took advantage of their land and revenues. "Now, my comrades and brothers in exile," said Duke Senior to his followers, "is not this life sweeter than that of painted pomp?* Are not these woods freer from danger than the envious court?*"

Here they lived like Robin Hood* of England, and many noble youths came to this forest from the court and spent their time carelessly. In the

---

depose 퇴위시키다　Duke Senior 나이가 더 많은 공작　put oneself into a voluntary exile 스스로 망명을 택하다　usurper 찬탈자　painted pomp 가식뿐인 화려함　envious court 시기로 가득한 궁정　Robin Hood 로빈 훗; 귀족 출신으로 셔우드 숲(Sherwood Forest)에 들어가 의적의 우두머리가 된 영국의 전설적 인물

summer they lay under the fine shade of the large forest trees, watching the playful wild deer. They were so fond of these deer that it grieved them to* have to kill them for their food. When the cold winds of winter made the duke feel the bitter change of his fortune, he would endure it patiently, and say:

"These chilling winds which blow upon my body are true counselors. They do not flatter, but tell me the truth about my situation. Though they bite sharply, their teeth are nowhere near* as sharp as those of human unkindness and ingratitude. Adversity can be useful, like the precious medicine which is taken from the head of the venomous* and ugly toad."

In this way, the patient duke drew a useful moral* from everything that he saw. He could find tongues* in trees, books in running streams, sermons in stones, and good in everything.

The banished duke had an only daughter, named Rosalind. The usurper, Duke Frederick, still kept her in his court as a companion for his own daughter Celia. These young ladies had a very strong friendship which the disagreement between their fathers did not affect.* Celia tried hard to make up to Rosalind for* the injustice of her own father deposing Rosalind's father. Whenever the thoughts of her father's banishment, and her own dependence on the usurper, made Rosalind melancholy, Celia would comfort her.

One day, when Celia was talking in her usual, kind manner to Rosalind, saying, "I pray* you, Rosalind, my sweet cousin, be merry," a messenger from the duke entered. He told them that a wrestling match was just going to begin before the palace. Celia thought it would amuse Rosalind, and agreed to go and see it.

In those times wrestling was a popular sport in the courts of princes, and was watched by fair ladies and princesses. So Celia and Rosalind went, and they soon found that it was likely to be a horrible sight. A large, powerful and very experienced man, who had killed many men in contests of this kind,* was about to wrestle with a very young man without any experience in this

---

it grieves A to B B하는 것이 A의 마음을 아프게 하다   nowhere near …에 도저히 못 미치는   venomous (동·식물이) 독이 있는   moral 교훈   tongue 말, 이야기   affect (좋지 않은) 영향을 미치다   make up to A for B A에게 B를 보상하다   I pray (that) 제발 부탁인데(= please)   of this kind 이런 종류의

sport. The spectators thought he would certainly be killed.

Even the bad-natured duke took pity* at the sight of the poor lad,* and when Celia and Rosalind came, he said, "Hello, daughter and niece, have you come to see the wrestling? I'm afraid you will take little delight in* it, and I pity this young man. I wish he wouldn't wrestle. Speak to him, ladies, and see if you can persuade him not to."

The ladies were happy to help. Celia first entreated the young stranger to give up the fight, but the young man didn't. Then Rosalind spoke so kindly to him, and with such feeling, that, instead of being persuaded by her gentle words, the young man's resolution* became stronger. All his thoughts turned to impressing her by his courage. Celia and Rosalind felt even more concerned for him. The young man said:

"I am sorry to deny anything to* such fair and excellent ladies. But let your fair eyes and gentle wishes go with me to my trial.* If I am conquered* there is only one shamed man that was never gracious, and if I am killed, there is one dead that was willing to die. I shall do my friends no wrong,* for I have none to grieve over me; I shall do the world no injury, for I have nothing in it. I only take up a place in the world which may be better filled when I have left it empty."

And now the wrestling match began. Celia wished the young stranger might not be hurt, but Rosalind felt even more for him. The friendless state which he said he was in, and that he wished to die, made Rosalind think that he was like herself. She pitied him so much, and was so worried about him while he was fighting, that she seemed to fall instantly in love with him.

The kindness shown to this unknown youth by these fair and noble ladies gave him courage and strength. He performed wonders,* and completely conquered his opponent, who was hurt so badly that for a while he was unable to speak or move.

The duke was very impressed with this young stranger's courage and skill. He wanted to know

---

take pity 불쌍히 여기다 lad 젊은이 take little delight in …에 별로 즐거워하지 않다 resolution 결의, 각오 deny A to B B에게 A를 해주지 않다(거부하다) trial 경기, 시합 be conquered 패하다 do... no wrong (injury) …에게 아무런 해도 끼치지 않다 perform wonders 놀라운 일을 해내다

his name and family, meaning to take him under his protection.* The stranger said his name was Orlando, and that he was the youngest son of Sir Rowland de Boys.

Sir Rowland de Boys, the father of Orlando, had been dead for several years, but when he was living, he had been a loyal subject* and dear friend of the banished duke. Therefore, when Frederick heard Orlando was the son of his brother's friend, all his liking for* this brave young man was changed into displeasure, and he left in a very bad mood. He hated to hear the name of any of his brother's friends.

Rosalind was delighted to hear that Orlando was the son of her father's old friend, and she said to Celia, "My father loved Sir Rowland de Boys, and if I had known this young man was his son, I would have added tears to my entreaties* before he fought."

The ladies then went up to him, and seeing him embarrassed by the sudden displeasure shown by the duke, they consoled him with kind and encouraging words. Rosalind took a chain from her neck, and said, "Gentleman, wear this for me. I am out of favor with fortune,* or I would give you a more valuable present." Orlando, who had lived a lonely life, was so much moved by fair Rosalind's kindness that he fell deeply in love with her.

Part 2

When the ladies were alone, Celia asked Rosalind why she was so quiet. "Is all this for your father?" she asked.

"Not exactly," replied Rosalind. "O, how full of briers* is this working-day world!"

"They are only burs,* cousin, thrown upon you in holiday fun,*" said Celia. "If we walk on the well-worn* paths, even our clothes will catch them."

"I could shake them off my coat, but these burs are in my heart," said Rosalind.

"Come, come," said Celia, "wrestle with your

---

take... under one's protection ⋯을 자신의 휘하에 두다   loyal subject 충신   liking for ⋯에 대한 호감   entreaties 간청, 애원   be out of favor with fortune 불행한 처지이다   brier 가시덤불   bur (밤송이 등에 있는) 가시   in holiday fun 휴일을 즐기는 중에   well-worn (길) 자주 다니는

emotions."

"O, they are better wrestlers than myself," said Rosalind.

"Let's be serious," said Celia, "is it possible you should fall so suddenly in love with old Sir Rowland's youngest son?"

"My father loved his father dearly," said Rosalind.

"Does it therefore follow that* you should love his son dearly?" said Celia. "By this kind of logic I should hate him, for my father hated his father dearly. But I don't hate Orlando."

At that moment their conversation was interrupted by the arrival of Duke Frederick. He had been for some time displeased with his niece because the people praised her for her virtues and pitied her for her good father's sake. After the duke saw Sir Rowland de Boys's son, who reminded him of the many friends the banished duke had among the nobility,* his malice suddenly broke out against* his niece. Frederick, with looks full of anger, ordered Rosalind instantly to leave the palace.

"Please, let me know my fault," cried Rosalind. "I know my own thoughts and desires. Unless I am dreaming or mad, please trust me, dear uncle, not even in my thoughts have I ever offended Your Highness.*"

"This is how all traitors* speak," said Duke Frederick. "They are as innocent as grace itself. I don't trust you; this is a good enough reason."

"But your mistrust cannot make me a traitor," said Rosalind. "Tell me where the mistrust began."

"You are your father's daughter, that's enough."

"So was I when you took his dukedom," said Rosalind. "So was I when you banished him, but you didn't banish me then. Treason* is not inherited, my lord, and my father was no traitor!"

"Dear Father, hear me speak," said Celia.

"Celia, I kept her for your sake," said her father.

"I did not then ask you to have her stay," said Celia. "It was your decision, brought about by remorse.* I was too young at that time to value

---

Does it therefore follow that...? 그 말은 즉 ⋯한다는 뜻이야? **among the nobility** 귀족들 사이에 **one's malice breaks out against** ⋯에 대해 악의가 생기다 **Your Highness** 전하 **traitor** 반역자 **treason** 반역 **brought about by remorse** 양심의 가책으로 인해 행해진

As You Like It | 161

her, but now I know her. If she is a traitor, then so am I. We have slept and risen together at the same moment, and learned, played, eaten together. Wherever we went, we went together and inseparably."

"She is too clever for you," said her father. "Her smoothness,* her patience, and even her silence speak to the people, and they pity her. You are a fool; she robs you of your name. You will look brighter and seem more virtuous when she is gone. Say no more, the sentence I have passed on her is final – she is banished," declared the duke, and he left.

"We shall be parted? Shall we part, sweet cousin?" cried Celia. "No, let my father seek another heir. I'll go along with you. We must decide how to escape, where to go, and what to take with us."

"Why, where shall we go?" said Rosalind.

"To find your father in the Forest of Arden," said Celia.

"Alas! It will be so dangerous for us young women to travel so far," said Rosalind. "Beauty provokes thieves sooner than gold.*"

"I'll wear poor clothes, and put charcoal* on

my face," said Celia. "You do that too and we'll travel without attracting trouble."

"It would be better. Because I am tall, I will dress like a man," said Rosalind. "I'll carry an axe in my belt, and a boar spear* in my hand. Fear will lie hidden in my heart. I'll have a brave, warlike* one outside, like many other cowards who pretend to be brave."

"What shall I call you when you are man?" asked Celia.

"Call me Ganymede,*" said Rosalind. "What will you be called?"

"No longer Celia, but Aliena.* Now we are contented to* go to liberty, and not to banishment."

So taking their money and jewels, the two sneaked out of the palace that night in disguise.

---

smoothness 비위를 잘 맞춤 Beauty provokes ~ than gold. 예쁜 여자는 금보다도 더 도둑을 자극하는 법이야. charcoal 숯 boar spear 멧돼지 잡는 창 warlike 호전적인 Ganymede 가니메데; 그리스신화에 나오는 미소년 Aliena 알리에나; 외톨이(alien)를 의미 be contented to 기꺼이 …하다

Part 3

These fair maidens set out on their long travel, for the Forest of Arden was a long way off, beyond the boundaries of the dukedom.

When at last they came to the forest, they no longer found the convenient inns they had met with on the road. They needed food and rest. Ganymede, who had so merrily cheered his sister Aliena with pleasant words and happy remarks all the way,* now admitted that he was so weary that he might cry like a woman in spite of his man's clothes. Aliena also declared she could go no farther. Though they were in the Forest of Arden, they didn't know where to find Duke Senior. Here the travel of these weary ladies might have come to a sad conclusion,* for they might have lost themselves, and died of starvation. But luckily, as they were sitting on the grass almost dying with fatigue, a shepherd passed by. Ganymede once more tried to speak with manly boldness,* and said:

"Shepherd, if sympathy or gold can find us a

shelter* in this forest, I pray you take us where we may rest. This young maid, my sister, is very tired from traveling, and faints for lack of food."

The man replied that he was only a servant to a shepherd, and that his master's house was for sale, and therefore they would not find much there, but they were welcome to join him for whatever there was. They followed the man, and the thought of relief* gave them fresh strength.* After satisfying their hunger at the shepherd's, they decided to buy the house and sheep of the shepherd with some of their gold, and hired the man to wait on them. Now that* they had a neat cottage and plenty of food, they could live in comfort till they found out which part of the forest Duke Senior lived in.

They got used to their new way of life, and almost fancied themselves as* the shepherd and shepherdess they pretended to be. But sometimes Ganymede remembered he had once been Lady Rosalind who had so dearly loved the brave

---

all the way 가는(오는) 내내 come to a sad conclusion 불행한 최후를 맞다 manly boldness 남자다운 적극성 shelter 쉴 곳 thought of relief 살았다는 안도감 fresh strength 새롭게 솟는 힘 now that 이제 …하므로 fancy oneself as 자신을 …라고 상상하다

Orlando.

When he died, Orlando's father Sir Rowland de Boys left him (Orlando being very young at the time) in the care of his eldest brother Oliver. Sir Rowland wanted Oliver to give his younger brother a good education and raise him as a gentleman. But Oliver was an unworthy brother. He ignored the commands of his dying father. He didn't send his brother to school, but kept him at home untaught and neglected. But in his nature and in the noble qualities of his mind, Orlando was very similar to his excellent father. So without any formal education he seemed no less than* a youth who had been raised with great care and at great expense.* Oliver was so envious of his fine and dignified younger brother that at last he wished to destroy him. So he set on people to* persuade Orlando to wrestle with the famous wrestler who had killed so many men. It was this cruel brother's neglect of him which made Orlando say to Rosalind that he wished to die because he was friendless.

When he heard Orlando won the fight, Oliver became even more envious and hateful, and he swore he would burn the chamber where

Orlando slept. He was overheard making this vow by an old and faithful servant to their father, Adam. This old man loved Orlando because he resembled Sir Rowland. Adam told Orlando how his wicked brother intended to kill him by setting fire to his chamber that night, and advised him to escape immediately. He knew Orlando had no money so he brought out all his savings,* and said:

"I have five hundred crowns, all the money I saved under your father, and kept for the time when I could no longer work. Take that, all this I give to you. Let me be your servant. Though I look old I will do the service of a younger man in all your business and necessities.*"

Orlando was moved by the old man's sacrifice and said, "O good old man! How well you keep alive the loyal service of the old world!* We will go along together, and before your valuable wages are spent, I shall find some way for both of us to live."

---

no less than …에 못지 않은 at great expense 많은 비용을 들여서 set on A to B A를 부추겨 B하게 하다 savings 저금 in all your business and necessities 당신이 하는 모든 일과 필요한 것을 위해서 How well ~ old world! 요즘 세상에 보기 드문 충성을 너무나도 잘 보여주고 있군요!

The faithful servant and his loved master set out together, and traveled on, uncertain where to go, till they came to the Forest of Arden. There they found themselves in the same distress for lack of food that Ganymede and Aliena had been. They wandered on till they were weak with hunger and fatigue. Adam at last said, "O my dear master, I am dying of hunger, I can go no farther!" He then lay down, thinking to make that place his grave, and said farewell to his dear master. Orlando lifted his old servant up in his arms, and carried him to the shelter of trees.* "Cheer up, old Adam, rest your weary limbs here for a while, and do not talk of dying!" he said.

Orlando then searched for some food, and he happened to arrive at that part of the forest where Duke Senior was. The duke and his friends were seated on the grass under the shade of a large tree and were just about to eat their dinner.

Orlando was made desperate by* hunger. He drew his sword, intending to take their meat by force.* The duke asked him if distress had made him so bold, or if he were just rude and bad-mannered. Orlando admitted that he was starving. The duke told him he was welcome to sit down and eat with them. Hearing him speak so gently, Orlando said:

"Pardon me, please. I thought that all things were savage here, and therefore I put on such a face,* but whoever you are, passing the hours of time in this lonely wilderness and under the shade of melancholy trees, if ever you have lived better days,* if ever you have been where bells have knelled* at church, if you have ever sat at any good man's feast, if you ever have wiped a tear from your eyes, and know what it is to pity or be pitied, please be gentle and forgive me! And now I blush and put away* my sword."

The duke replied, "It is true that we have seen better days, have followed the holy bells to church, have sat at good men's feasts, and have wiped our eyes of* teardrops which pity has provoked, therefore sit down, and take anything we have to satisfy your needs."

"There is an old poor man," answered Orlando,

---

shelter of trees 나무가 우거져 몸을 숨길 만한 곳 be made desperate by …때문에 필사적이 되다 by force 강제로 put on such a face 마찬가지로 행세하다 have lived (seen) better days 좋았던 시절도 있었다 knell (종이) 울려 퍼지다 put away …을 치우다 wipe A of B A에서 B를 닦아내다

As You Like It

"who has limped after* me for long miles in pure loyalty. He is now exhausted by age and hunger. Till he is fed, I must not touch a bit of this food."

"Go, find him and bring him here," said the duke, "we will not eat till you return."

Orlando thanked them and went to find Adam.

"See, we are not the only unhappy ones," said the duke to the melancholy youth, Jaques, among his followers. "This wide and universal theatre presents more woeful* plays than the scene we play in."

Jaques replied, "All the world's a stage, and all the men and women merely players. They have their exits and their entrances, and one man in his time plays many parts,* his acts* being seven ages. At first, the infant, crying and puking in the nurse's arms. And then the schoolboy, with his school bag and shining morning face, creeping like a snail unwillingly to school. And then the lover, sighing like furnace* with a woeful serenade for his mistress. Then a soldier, full of strange oaths, jealous in honor,* sudden and quick in quarrel, seeking the bubble reputation* even in the cannon's mouth. And then the judge, with a round belly and severe eyes, full of wise sayings* and the latest news. The sixth age shifts into the lean old man, with spectacles and slippers, in his pants now too wide for his skinny legs. His once big manly voice turns again into childish, high-pitched peeping.* Last scene of all, that ends this strange eventful history, is second childishness and mere oblivion,* without teeth, without eyes, without taste, without everything."

When Jaques finished his long grumble, Orlando returned, bringing old Adam in his arms. The duke said, "Put down your loyal servant and let him eat, you are both welcome." And they fed the old man, and cheered him up, and he recovered his strength again.

The duke asked Orlando who he was, and when he found out that he was the son of his old friend, Sir Rowland de Boys, he took Orlando and his old servant under his protection.

---

limp after 절뚝거리며 …을 따라오다   woeful 구슬픈   play many parts 여러 역을 연기하다   act (연극의) 막   furnace 용광로   jealous in honor 명예욕에 불타서   bubble reputation 헛된 명성   sayings 속담, 격언   high-pitched peeping 날카롭게 빽빽거리는 소리   oblivion 망각

Part 4

Ganymede thought that Orlando was many miles away, yet it soon appeared that Orlando was also in the Forest of Arden. Soon after they bought the cottage, Ganymede and Aliena were surprised to find the name of Rosalind carved on* trees, and love sonnets addressed to* Rosalind nailed to them. While they were wondering how this could happen, they met Orlando, and they saw the chain which Rosalind had put around his neck.

Orlando didn't realize that Ganymede was the fair Rosalind who had won his heart.* He was pleased with the graceful air of this pretty shepherd boy, who reminded him of her in some strange way. Ganymede assumed the forward manners* often seen in youths when they are between boys and men. With much mischief and humor Ganymede talked to Orlando of a certain lover:

"There is a man who haunts* our forest, and spoils our young trees by carving the name

Orlando didn't realize that Ganymede was the fair Rosalind who had won his heart.

---

carved on ···에 새겨진 addressed to (시 등이) ···에게 바쳐진 win one's heart ···의 마음을 사로잡다 assume the forward manners 시건방진 태도를 취하다 haunt ···에 끊임없이 출몰하다

Rosalind upon their bark.* He hangs odes upon hawthorns, and elegies on brambles,* all praising this same Rosalind. If I could find this lover, I would give him some good advice that would soon cure him of* his love."

Orlando confessed that he was that lover, and Ganymede proposed a cure, which was that Orlando should come every day to the cottage where he and his sister Aliena lived. "And then," said Ganymede, "I will pretend to be Rosalind, and you shall pretend to court me in the same manner as you would do if I really were Rosalind. Then I will imitate the strange and whimsical* behavior of ladies to their lovers, till I make you ashamed of your love. This is the way I propose to cure you."

Orlando had no great faith in the remedy,* yet he agreed to come to Ganymede's cottage, and feign a playful courtship. Every day Orlando visited Ganymede and Aliena, called the shepherd Ganymede his Rosalind, and said all the fine words and flattering compliments which young men use when they court their mistresses. However, Ganymede did not make any progress in* curing Orlando of his love for Rosalind.

Though Orlando thought all this was only for fun* (not dreaming that Ganymede was Rosalind), he enjoyed this opportunity of saying all the fond* things he had in his heart. Ganymede enjoyed himself almost as much, because he knew that these fine love speeches were all addressed to the right person.

In this manner, many days passed pleasantly for these young people. Seeing it made Ganymede happy, the good-natured Aliena did not remind Ganymede that *Lady Rosalind* had not yet visited the duke her father, whose location in the forest they had learned from* Orlando. Ganymede even met Duke Senior one day, and talked briefly with him. The duke asked from what family he came. Ganymede answered that he came from as good family as the duke did, which made him smile, for he did not believe the shepherd boy came from a royal family. Then seeing the duke look well and happy, Ganymede was content to put off all further

---

bark 나무껍질 hang odes ~ on brambles 산사나무에는 송시를, 가시나무에는 얘기를 걸다 cure A of B A의 B를 치료해 주다 whimsical 변덕스러운 remedy 치료법 make progress in …에 진척을 보이다 for fun 장난 삼아 fond 애정 어린, 다정한 learn from …로부터 들어서 알다

explanation for a few days longer.

One morning, as Orlando was going to visit Ganymede, he saw a man lying asleep on the ground, and a large green snake had twisted itself around his neck. The snake, as Orlando approached, glided away among the bushes. Orlando went nearer, and then he discovered a lioness crouching,* with her head on the ground, with a catlike watch,* waiting until the sleeping man woke up. (It is said that lions will prey on* nothing that is dead or sleeping.) It seemed as if Orlando was sent by Providence* to free the man from the danger of the snake and the lioness. When Orlando looked at the man's face, he saw that the sleeper was his own brother Oliver, who had so cruelly treated him, and had threatened to destroy him by fire. Orlando was almost tempted to leave him to be eaten by the hungry lioness. But brotherly affection* and his gentle nature soon overcame his anger toward his brother, and he drew his sword, and attacked the lioness. He killed the beast, and saved his brother's life, but not before* the lioness tore one of his arms with her sharp claws.

While Orlando attacked the lioness, Oliver

woke up. He saw that his brother Orlando, whom he came to the forest intending to kill, was risking his own life to* save him. With shame and remorse he begged with many tears for his brother's forgiveness for all the wrongs he had done to him. Orlando rejoiced to* hear his apology, and forgave him. They embraced each other, and from that hour Oliver loved Orlando with a true brotherly affection.

The wound in Orlando's arm bled a lot, and he was too weak to visit Ganymede's, so he asked his brother to go and tell Ganymede about his accident.

So Oliver went and told Ganymede and Aliena how Orlando had saved his life. When he had finished the story of Orlando's bravery,* and his own lucky escape, he admitted to them that he was Orlando's brother, who had made him suffer so severely, and then he told them of their reconciliation.

The sincere sorrow that Oliver expressed for

---

crouch 웅크리다 with a catlike watch 고양이처럼 노리면서 prey on …을 잡아먹다 Providence 신의 섭리 brotherly affection 형제애 but not before 하지만 …은 미처 피하지 못하다 risk one's own life to 목숨 걸고 …하다 rejoice to …해서 기뻐하다 bravery 용감한 행동

As You Like It | 177

his offenses made such a strong impression on* the kind heart of Aliena that she instantly fell in love with him. Oliver saw how much she felt for him, and just as suddenly fell in love with her. While love was stealing into* the hearts of Aliena and Oliver, it also affected Ganymede. He fainted when he heard Orlando was wounded by the lioness. And when recovered,* he said that he had pretended to faint playing the imaginary character* of Rosalind.

Ganymede said to Oliver, "Tell your brother Orlando how well I pretended to faint."

But Oliver saw by the paleness of his complexion that he did really faint, and, surprised by the weakness of the young man, he said, "Take a good strong heart, and pretend to be a man."

"So I do," replied Ganymede, telling the truth, "but I should have been a woman really."

When Oliver returned to his brother, he told him how Ganymede fainted on hearing that Orlando was wounded. Oliver also told him that he had fallen in love with the fair shepherdess Aliena, and how she seemed to feel the same way about him. He said that he would marry her and live in the forest as a shepherd, and give his estate and house at home to Orlando.

"As you like it,*" said Orlando. "Let your wedding be tomorrow, and I will invite Duke Senior and his friends. Go and ask your shepherdess to marry you, as she is now alone, because, look, here comes her brother."

So Oliver went to see Aliena. And Ganymede, whom Orlando had seen approaching, came to take care of his wounded friend. Orlando said he had told his brother to ask Aliena to marry him the next day, and then he added how much he wished to be married on the same day to his Rosalind.

Ganymede was very happy with the news. He said that if Orlando really loved Rosalind as much as he said he did, he should have his wish* the next day, when Rosalind would appear, and would be willing to marry Orlando. This seemingly wonderful event* was actually very easy to perform because Ganymede was Lady Rosalind herself. But he pretended he would make it hap-

---

make a strong impression on …에게 깊은 감명을 주다 steal into …로 몰래 숨어들다 when recovered 정신이 들자 imaginary character 상상의 인물 As you like it. 좋으실 대로 하세요. have one's wish 소원이 이루어지다 seemingly wonderful event 가당치 않아 보이는 일

pen by magic, which he said he had learned from an uncle who was a famous magician.

Orlando half believed* what he heard, and asked Ganymede if he was serious.

"By my life* I am," said Ganymede, "therefore put on your best clothes, and invite the duke and your friends to your wedding. If you desire to be married tomorrow to Rosalind, she shall be here."

Part 5

The next morning, Oliver and Aliena visited the duke, and with them also came Orlando. Everyone was assembled to celebrate this double marriage.* But because only one of the brides had appeared, they thought that Ganymede was making fun of Orlando.

The duke asked Orlando if he believed the shepherd boy could really bring his daughter Rosalind to the wedding. While Orlando was answering that he didn't know what to think, Ganymede came. He asked the duke whether he would consent to* Rosalind's marriage with Orlando.

"I would," said the duke, "even if I had kingdoms to give with her."

Ganymede then said to Orlando, "And you say you will marry her if I bring her here."

"I would," said Orlando, "even if I were king of many kingdoms."

Ganymede and Aliena then left the place together. Ganymede threw off* his male clothes, and dressed once more like a woman, and quickly became Rosalind without the power of magic. And Aliena changed her country clothes for her own rich* clothes, and transformed into Lady Celia.

While they were gone, the duke said to Orlando that he thought the shepherd Ganymede looked very much like his daughter Rosalind. Orlando said he also had observed the resemblance.*

Then Rosalind and Celia returned in their own

---

half believe 반신반의하다 by my life 목숨을 걸고 말하건대 double marriage 합동 결혼식 consent to …을 승낙하다 throw off …을 벗어 던지다 rich 화려한 observe the resemblance 닮은 점을 눈치채다

clothes. Rosalind threw herself on her knees* before her father, and begged his blessing.* It seemed like magic to everyone present* that she appeared so suddenly. Then Rosalind told her father the truth, the story of her banishment, and of her living in the forest as a shepherd boy, with her cousin Celia passing as her sister.

The duke confirmed the consent he had already given to the marriage, and Orlando and Rosalind, Oliver and Celia, were married at the same time. Though their wedding could not be celebrated, in this wild forest, with any of the

It seemed like magic that
Rosalind appeared so suddenly.

parades or splendor* usual on such occasions, a happier wedding had never happened before. Then, while they were eating their venison* under the cool shade of the pleasant trees, an unexpected messenger arrived. He told the duke the joyful news that his dukedom was restored to him.

What had happened was this: the usurper had been enraged at the flight of his daughter Celia. And hearing that good men were traveling to the Forest of Arden every day to join Duke Senior in his exile, he felt very jealous of his brother. So he led a large force to the forest, intending to kill his brother and all his faithful followers. But by a wonderful interposition* of Providence, this bad brother was converted from* his evil intention, for just as he entered the wild forest he met an old religious man. This hermit* talked to Frederick, and completely turned his heart from his wicked plan. From that moment he became truly sorry, and gave up his stolen dukedom, and

---

throw oneself on one's knees 무릎을 (탁) 꿇다 beg one's blessing …에게 축복을 빌어달라고 청하다 everyone present 참석한 모든 사람들 splendor 화려한 볼거리 venison 사슴고기 interposition (신의) 개입(중재) be converted from …로부터 개심하다 hermit (종교적) 은둔자

decided to spend the rest of his life in a monastery.* The first thing he did was to send a messenger to his brother to offer to return him his dukedom.

This joyful and surprising news heightened the celebrations* at the wedding. Celia congratulated her cousin very sincerely on* this good fortune which had happened to the duke, Rosalind's father. Though she herself was no longer heir to the dukedom, which Rosalind now was, the love of these two cousins was so complete that Celia felt no jealousy or envy.

Duke Senior now had the opportunity to reward those true friends who had stayed with him in his exile. And these worthy followers who had patiently shared his hard fate* were very well pleased to return in peace to the palace of their lawful duke, and live in prosperity.*

---

monastery 수도원 heighten the celebrations 잔치의 흥을 돋우다 congratulate A on B A에게 B를 축하하다 hard fate 힘든 처지 live in prosperity 풍족하게 살다

명작
우리글로
다시읽기

A MIDSUMMER NIGHT'S DREAM
& OTHER STORIES
CHARLES AND MARY LAMB

한여름 밤의 꿈

등장인물

인간들

테세우스　아테네 대공

히폴리타　테세우스의 약혼녀

이지어스　아테네의 귀족

허미아　이지어스의 딸, 라이샌더의 연인

라이샌더　허미아의 연인

드미트리어스　허미아를 짝사랑하는 귀족 청년

헬레나　허미아의 친구,
　　　　드미트리어스를 짝사랑하는 아가씨

보톰　광대

요정들

오베론　요정나라의 왕

티타니아　요정나라의 왕비

퍽(로빈 굿펠로)　오베론의 부하

콩꽃, 거미줄, 나방, 겨자씨　티타니아의 부하들

1장

P. 15 이 이야기는 아테네 대공 테세우스와 그의 약혼녀 히폴리타의 결혼이 임박하여 이를 축하하는 잔치가 여기저기서 벌어지고 있던 아테네에서 비롯된다. 결혼은 나흘 후였고 대공과 히폴리타뿐만 아니라 아테네의 시민들도 너나 할 것 없이 몹시 들떠 있었다.

하지만 나이든 귀족 이지어스에게는 속상한 일이 있었고 그 일로 테세우스를 알현하러 왔다. 노인은 자신의 딸인 허미아를 귀족 청년 드미트리어스와 혼인시키려고 하는데 딸이 말을 듣지 않았던 것이다. 그의 딸은 라이샌더라는 다른 남자를 사랑하고 있었다. 허미아는 대공에게, 드미트리어스는 이미 자신의 절친한 친구인 헬레나에게 사랑을 고백한 적이 있으며, 헬레나 또한 드미트리어스를 열렬히 사랑한다는 것을 이유로 들며 아버지의 명령에 따를 수 없다고 아뢰었다. 하지만 아버지의 결정에 따를 수 없는 이 훌륭한 이유도 완강한 아버지 이지어스의 마음을 돌리기에는 역부족이었다.

P. 16 당시 아테네에는 딸은 아버지가 정한 혼인 상대와 반드시 결혼해야 한다는 법이 있었다. 딸이 그 상대와 결혼하기를 거부하면, 아버지는 이 법에 호소하여 딸을 사형에 처하거나 영원히 어떤 남자도 가까이 하지 못하게 만들 수 있었다. 테세우스는 정의로운 사람이었지만 국법을 바꿀 수는 없었다. 대공이 허미아에게 말했다.

"양자택일을 해라. 처형을 당하든가, 아니면 수녀원에 들어가 평생 독신으로 살든가. 너는 젊다, 어여쁜 허미아. 그러니 네 아비의 뜻을 끝끝내 거역해야겠는지 신중하게 생각해라. 수녀의 거친 옷을 입고 어두컴컴한 수도원에 갇혀서 살 수 있겠느냐? 평생 자식 한번 못 낳아보고 차갑고 황량한 달을 향해 맥없는 성가나 읊조리면서 독신으로 살 수 있겠느냐?"

"드미트리어스에게 제 자신을 바치느니 차라리 수녀로 늙어 죽겠습니다, 전하." 허미아가 대답했다.

"시간을 가지고 생각해보아라." 대공이 말했다. "나와 히폴리타의 결혼식 날까지 시간을 주겠다. 그때까지 아비의 명에 따라 드미트리어스와 결혼할지, 사형을 당할지, 아니면 수녀가 되어 초라하고 외롭게 살지 결정하거라."

허미아는 연인 라이샌더에게 가서, 나흘 안에 드미트리어스와 결혼하지 않으면 목숨을 잃을 위험에 처하게 되었다는 말을 했다.

P. 17 이 말을 들은 라이샌더는 몹시 괴로웠다. 연인들은 언제나 끔찍한 난관에 봉착하는 것만 같았다. 그가 말했다.

"내 지금껏 책에서 읽은 바로나, 이야기나 역사를 통해 들은 바로나, 진실한 사랑이 순탄하게 진행된 적은 결코 없었소. 어떤 때는 그 이유가 신분의 차이이기도 했고…"

"오!" 허미아가 탄식했다. "신분이 너무 높아서 낮은 사람과 결혼할 수 없다니!"

"아니면 나이 차이가 너무 심했거나." 라이샌더가 말했다.

"오! 나이가 너무 많아 젊은 사람과 맺어질 수 없다니요!"

"그도 아니면 부모의 결정 때문에 이루어지지 못했소."

"오! 다른 사람의 눈에 의해 사랑할 사람이 선택된다는 것은 너무나 끔찍해요!"

"설사 두 사람의 선택이 적절했다 해도, 전쟁이나, 죽음 또는 질병으로 모든 것이 허사가 되기 일쑤였소." 라이샌더가 말을 이었다. "그들의 사랑은 소리처럼 짧아요, 그림자처럼 빠르고, 꿈결처럼 짧아요. 천지를 잇는 듯하더니 누군가 '저것 봐!' 라고 말하기도 전에 사라지는 번개처럼 순식간에 끝나고 말지요.

P. 18 생동하는 빛을 발하는 것들은 모두 어두운 최후를 맞아야 하는 운명인가 봅니다."

"맞아요. 사랑하면서 좌절을 겪는 것이 진정한 연인들의 운명이라면, 우리는 인내심을 가져야 해요. 왜냐하면 생각이나 꿈, 또는 한숨이나 눈물과 마찬가지로 이런 시련도 사랑의 큰 부분이라는 뜻이니까요." 허미아가 대답했다.

라이샌더는 자신의 숙모가 아테네에서 좀 떨어진 곳에 살고 있으며, 자신들에 대한 잔인한 결혼법의 효력이 그곳까지는 미치지 못한다는 사실을 생각해냈다. 그는 그날 밤 각자 부모의 집에서 도망쳐 자신의 숙모 댁으로 가서 결혼식을 올리자고 했다.

라이샌더가 말했다. "아테네에서 몇 마일 떨어져 있는 아름다운 숲에서 당신을 기다리고 있겠소. 상쾌한 5월이면 당신의 친구 헬레나와 함께 자주 거닐곤 했던 바로 그 숲 말이오."

허미아도 흔쾌히 찬성했다. 그녀와 라이샌더는 헬레나에게 자신들의 탈출계획을 전하러 갔다.

헬레나는 지독한 속앓이를 하고 있었다. 최근 자신에 대한 드미트리어스의 사랑이 식은 것도 모자라 그가 허미아에게 사랑을 느끼고 있었기 때문이었다. 허미아는 그런 친구 때문에 마음이 아팠다.

"내가 그 사람에게 오만상을 찡그려도 내가 좋다는데 어떡하겠니." 허미아가 말했다.

P. 19 "내 미소가 네 찡그린 얼굴만큼 재주가 있었으면 좋겠구나!" 헬레나가 대답했다.

"그 사람에게 욕설을 퍼부어도, 그 사람은 사랑하는 마음만 주더구나."

"그이를 향한 내 기도가 네 욕설만큼의 효과도 없다니!"

"그 사람은 내가 싫다고 하면 할수록 날 더 따라다녀."

"내가 그이를 사랑하면 할수록 그이는 날 더 미워해."

"헬레나, 그 사람이 그렇게 어리석게 구는 건 내 탓이 아니야."

"네게 잘못이 있다면 아름다운 죄밖에 없지." 헬레나가 탄식했다. "그 죄가 내 죄였으면 좋겠어!"

"기운 내." 허미아가 위로했다. "라이샌더와 내가 떠나고 나면 그 사람은 더 이상 내 얼굴을 볼 일이 없을 테니까. 사랑 때문에 말도 안 되는 일들이 생기는구나. 나는 항상 아테네를 지상낙원으로 생각했는데 사랑 때문에 지옥이 되어 버렸어."

라이샌더가 말했다. "헬레나 아가씨, 우리 계획은 이렇습니다. 내일 밤 달이 뜨면 허미아와 저는 아테네에서 도망칠 겁니다."

P. 20 허미아가 덧붙였다. "너와 내가 종종 야생화 사이에 누워서 이야기를 나누러 가던 그 숲에서 라이샌더와 만나기로 했어. 우리는 새로운 친구들과 모험을 찾아서 아테네를 떠나. 그러니 잘 있어, 내 사랑하는 친구야. 행운이 드미트리어스를 너에게로 되돌려 놓길 바래!"

"안녕히 계세요, 헬레나 아가씨!" 라이샌더도 작별을 고했다. "당신이 드미트리어스를 사랑하는 만큼 그도 당신을 사랑하게 되길 바랍니다."

두 연인은 떠났다. 혼자 남은 헬레나는 여전히 비참한 기분이었다. 그리고 이렇게 혼잣말했다.

'아테네 사람이면 누구나 내가 허미아만큼 아름답다고 여기지만, 드미트리어스 생각은 그렇지 않으니 모두 허사야. 그가 허미아를 사랑하는 것이 실수라면, 내가 그를 사랑하는 마음을 접지 못하는 것도 실수지. 하지만 사랑은 악하고 흉한 것도 아름답고 고결한 것으로 변화시키는 법이잖아. 사랑은 눈으로 보는 것이 아니고 마음으로 보는 거잖아. 날개 달린 큐피드는 두 눈이 먼 채 천방지축 물불 안 가리고 날아다니고 있는 게 틀림없어. 드미트리어스는 허미아를 보기 전에는 맹세코 나만을 사랑한다고 말했었어. 그이에게 가서 허미아가 도망갔다고 말해 줘야지. 그러면 그이는 허미아의 뒤를 쫓아 숲으로 갈 거고, 그 애가 라이샌더를 사랑한다는 걸 알게 되겠지. 우리 모두에게 상처가 되는 일이겠지만, 난 그이가 본래의 시력을 되찾아 나를 다시 볼 수 있게 되었으면 좋겠어.'

2장

P. 21 라이샌더와 허미아는 자신들이 만나기로 한 숲이 요정들로 북적대는 곳이라는 걸 까맣게 몰랐다. 그 숲은 요정의 왕 오베론과 왕비 티타니아, 그리고 그들의 신하인 작은 요정들이 한밤의 연회를 벌이는 장소였다.

그런데, 이 무렵 요정나라의 왕과 왕비는 서로 티격태격하고 있었다. 그들이 서로에게 소리소리 질러대는 통에 겁에 질린 꼬마요정들이 도토리 깍정이 안으로 기어들어가 숨을 정도였다. 요정의 왕 내외가 다투는 이유는 티타니아가 인도에서 데려온 고아 소년을 오베론에게 넘겨 주려 하지 않았기 때문이었다. 오베론은 그 아이를 시동으로 삼고 싶어했다.

두 연인이 숲에서 만나기로 한 밤, 티타니아는 시녀들을 거느리고 산책에 나섰다. 그러다 요정 신하들을 대동한 오베론과 딱 마주쳤다.

P. 22 "이게 누구야? 시기심 많은 오베론이잖아? 요정들아, 어서 가자. 난 이 양반과는 상종하고 싶지 않다." 티타니아가 말했다.

오베론이 말했다. "기다리시오. 난 당신 주인이오. 왜 날 거역하려는 거요? 당신의 그 인도 꼬마를 내 시동으로 넘기시지그래."

"당신의 요정왕국을 통째로 내준다 해도 그 아이는 어림없어요." 왕비가 맞받아쳤다. "그 아이의 엄마는 내 친구였다고요. 저 인도에서 따뜻한 밤이면 우리는 바닷가 모래밭에 앉아서, 들고 나는 배들을 바라보며 세상 이야기를 나누곤 했어요. 배의 돛이 바람에 불룩해지는 걸 보면서 웃었어요. 내 친구가 그때 그 아이를 임신하고 있었거든요. 배 흉내를 내면서 내게 줄 자질구레한 선물들을 주우러 걸어갔다가, 마치 상품을 가득 싣고 귀항하는 배처럼 돌아오곤 하던 모습이 어여쁘기 그지없었죠. 하지만 친구는 인간이었고 그 아이를 낳다가 그만 죽고 말았어요. 그래서 친구 대신 아이를 내가 돌볼 거라고요. 그리고 그 친구를 생각해서라도 아이를 떼어놓을 생각은 추호도 없어요."

"그럼 잘 가시오." 오베론이 말했다. "새벽이 오기 전에 후회하게 만들어 주지."

오베론은 자신이 가장 아끼는 요정 퍽을 불러오라고 했다. 퍽(때로는 로빈 굿펠로라고도 불린다)은 근처 마을에 내려가 장난을 치고 다니던 망나니 요정이었다. 어떤 때는 버터 만드는 통에 풍덩 들어가 크림이 버터로 굳어지지 못하게 훼방을 놓았다.

P. 23 퍽이 양조장에 얼씬거리는 날이면 에일 맛은 무조건 망쳐진다고 봐야 했다. 착한 마을 사람 몇이 함께 모여서 에일이나 좀 마시려고 하면 퍽이 게로 둔갑하고 나이든 여인의 에일 잔 속에 앉아 있다가 놀래주기 일쑤였다. 할멈이 기겁해서 자기 에일을 모두 엎지르면, 그새 의자를 빼놓아서 바닥에 나동그라지게 만들었다. 그러면 함께 있던 사람들은 이 불쌍한 노인을 보고 포복절도하곤 했다.

"이리 오너라, 퍽." 오베론이 이 유쾌하고 자그마한 밤의 방랑자에게 말했다. "가서 아가씨들이 '제비꽃'이라고 부르는 꽃을 따오도록 해라. 그 작은 자주색 꽃잎의 즙을 내서 잠든 사람의 눈꺼풀에 바르면, 깨어났을 때 처음 본 것과 사랑에 빠지게 되거든. 티타니아가 잠들어 있을 때 그 꽃즙을 눈꺼풀에 몇 방울 떨어뜨려야겠다. 그게 사자든 곰이든, 원숭이든, 아니면 유인원이든지 간에 눈뜨자마자 처음 본 것과 사랑에 빠지게 될 거야. 그렇게 되면, 그 꼬마를 내 시동으로 넘겨 주기 전에는 절대 마법을 풀어 주지 않을 테다."

P. 24 장난이라면 사족을 못 쓰는 퍽은 신이 나서 주인의 명을 받들어 꽃을 찾으러 달려갔다. 오베론이 퍽을 기다리고 있자니 드미트리어스와 헬레나가 숲 속으로 들어오는 것이 보였다. 드미트리어스는 자신을 따라오는 헬레나에게 화를 내고 있었다. 그는 이렇게 말하며 헬레나를 협박했다.

"자신을 사랑해 주지도 않는 남자와 단둘이 도시를 떠나오다니 아가씨는 지금 정숙한 여인이라면 생각할 수도 없는 일을 하고 있는 겁니다. 이런 밤에 으슥한 장소에 있다가 아가씨의 소중하디 소중한 순결을 잃을 수도 있다는 생각은 해보지도 않았소?"

"하지만 당신의 얼굴을 볼 수만 있다면 밤도 밤이 아니에요. 그러니 지금은 밤이 아니라고요. 그리고 당신이 저에게는 세상 전부와 같으니 이 숲도 으슥한 곳이 아니고요. 온 세상이 이렇게 저를 지켜보고 있는데 어떻게 제가 외롭겠어요?" 헬레나가 대답했다.

"난 아가씨에게서 도망쳐서 나무 사이에 숨을 거요. 사나운 짐승들에게 잡혀먹히든 말든 아가씨를 내팽개쳐버릴 거란 말요."

"아무리 사나운 짐승이라도 당신만큼 냉정하진 않겠어요." 헬레나가 부르짖었다. "도망쳐야겠다면 그렇게 하세요. 그럼 세상 이야기가 바뀌겠군요. 비둘기가 용을 추격하고, 사슴이 호랑이를 쫓는 셈이 될 테니 말이에요. 당신은 용감하신 건가요, 겁쟁이신 건가요?"

"더 이상 아가씨와 말씨름하며 여기 이러고 있지 않겠소. 나를 보내주시오. 나를 계속 따라오면 숲 속에서 아가씨에게 몹쓸 짓을 하고 말겠소."

P. 25 "마음대로 하세요! 신전에서도, 시내에서도, 그리고 들판에서도 저에게 몹쓸 짓을 하시잖아요. 여자를 이렇게 취급하는 법은 없어요. 여자들은 남자들처럼 사랑을 쟁취하기 위해 싸울 수 없어요. 여자들은 사랑을 받도록 만들어졌지 사랑을 구하도록 만들어지지 않았거든요. 사랑하기 때문에 당신을 따르겠어요. 설사 당신이 저를 죽인다 해도 말이에요!"

이 말과 함께 헬레나는 죽을 힘을 다해 드미트리우스를 뒤쫓아 뛰기 시작했다.

진심 어린 연인들에게 항상 마음을 쓰는 요정의 왕은 헬레나가 불쌍했다. 그는 헬레나와 드미트리우스가 서로 사랑하던 시절에 함께 숲 속을 거닐던 두 사람의 모습을 기억하고 있었다. 그래서, 자신이 시킨 대로 퍽이 작은 자주색 꽃을 가져오자 오베론은 이 총애하는 요정에게 이렇게 말했다.

"그 꽃의 꽃잎 하나를 가져가거라. 여자의 진심을 조롱하는 청년에게 마음을 빼앗긴 사랑스런 아테네 아가씨가 여기 와 있다. 청년이 잠들면 가서 그 눈에 이 사랑의 즙을 떨어뜨려라. 단, 청년이 깨어날 때 반드시 그 아가씨가 근처에 있어야 한다. 그래야 지금은 청년이 외면하는 그 아가씨가 그가 잠에서 깼을 때 처음 보는 상대가 될 테니 말이야. 아테네 옷을 입은 남자가 보이면 그게 바로 그 청년이다."

P. 26 퍽은 아테네에서 온 젊은이들을 찾기 위해 떠났고, 오베론은 티타니아의 동정을 살피러 갔다. 티타니아는 달콤한 야생화들이 만발한 자신의 정원에서 낮잠 잘 준비를 하고 있었다. 잠들기 전에 그녀는 자신의 요정 신하들에게 이런저런 해야 할 일들을 지시하고 있었다. 그 중에는 꼬마요정들에게 코트를 만들어 주려고, 박쥐들과 전쟁을 벌여서 그들의 가죽 날개를 빼앗아 오라는 명령도 있었다. 그 후 요정들은 자장가를 불러 티타니아가 잠들도록 했다.

"혓바닥이 갈라진 얼룩덜룩 뱀들아,
가시 돋친 고슴도치들아, 나타나지 마라.
개구리와 벌레들아, 해코지하지 마라.
우리 왕비님 근처에 얼씬도 말아라.
나이팅게일 새야, 노래를 불러서
우리의 달콤한 자장가에 동참해라.
잘 자라, 자장, 자장. 잘 자라, 자장, 자장.
어떤 해로운 것도, 마법도, 주문도
우리 왕비님 옆에 오지 마라.
자장가를 들으며 편안히 주무세요."

자장가에 왕비가 잠들자 요정들은 각자 지시 받은 일을 하기 위해 자리를 떴다. 오베론은 이때다 하고 왕비에게 살금살금 다가가서 사랑의 즙을 그녀의 눈꺼풀 위에 떨어뜨렸다. 그리고 중얼거렸다. '깨어나서 처음 보는 것을 죽고 못 살 만큼 사랑하게 될 것이다.'

3장

P. 27 한편, 허미아는 약속대로 사랑하는 라이샌더를 만나기 위해 아버지 집에서 도망쳐 나왔다. 라이샌더가 숲에서 그녀를 기다리고 있었다. 두 사

람은 라이샌더의 숙모 집을 향해 걷기 시작했다. 라이샌더는 허미아가 피곤해하는 것을 보고 이렇게 말했다.

"아름다운 내 사랑, 숲 속을 헤매느라 기진맥진했군요. 그리고 사실 솔직히 말하면 나도 길을 잃은 것 같소. 원한다면 좀 쉽시다, 허미아. 아침에 다시 길을 떠납시다."

"그래요, 라이샌더. 잠자리를 찾아보세요. 저는 여기 이끼가 깔린 곳에 머리를 누이고 쉴래요."

"그 이끼는 우리 두 사람에게 충분한 베개가 되겠군." 라이샌더가 말했다. 그러더니 이렇게 덧붙였다. "마음이 하나이니 잠자리도 하나요, 가슴은 둘이되 맹세는 하나로다."

P. 28 "안 돼요, 라이샌더. 제발, 저에게서 더 멀리 떨어져 누우세요. 그렇게 가까이 누우시면 안 돼요."

"오, 허튼 짓을 할 마음은 추호도 없소! 내 말은, 내 마음은 당신에게 바쳐진 것이니 우리의 마음이 하나라는 뜻이오. 다시 말하면 결혼언약을 했으니 일심동체라는 말이오. 그러니 당신과 나란히 누워야 한다는 거요. 허미아, 두려워하지 말아요."

"라이샌더, 저를 혼란스럽게 만드시는 방법도 참 멋지시군요. 하지만 점잖으신 분이여, 사랑과 정숙함을 위해 멀리 떨어져 누워 주세요. 그러는 것이 선남선녀에게 더 잘 어울려요. 멀리 가세요, 다정한 사랑. 하지만 당신의 사랑만큼은 당신의 달콤한 인생이 끝나는 날까지 변함없기를 바래요! 안녕히 주무세요!"

"그대의 아름다운 기도에 아멘, 아멘." 라이샌더가 투덜거리듯 대답했다. "여기가 내 잠자리요. 자고 일어나면 새 힘이 돋기를!"

"잘 자요, 내 사랑!" 허미아가 말했다.

퍽은 잠든 두 연인을 발견했다. 그리고는 남자가 입은 옷이 아테네 스타일인 데다가, 남자가 여자에게서 멀찍이 떨어져 있는 것을 보고, 오베론이 찾아보라고 한 그 오만한 청년이 이 남자임에 틀림없다고 생각했다. 그래서 자주색 꽃즙의 일부를 라이샌더의 눈 위에 부었다.

P. 30 라이샌더가 잠에서 깨서 처음 본 상대가 허미아였다면, 그 둘은 이미 사랑하는 사이였기 때문에 퍽이 설사 라이샌더를 드미트리어스로 착각했다

하더라도 별 문제 되지 않았을 것이다. 그런데 불행히도, 그곳으로 오고 있던 헬레나가 자고 있던 라이샌더를 깨웠고 그 결과 라이샌더가 눈을 떠서 처음으로 본 사람이 헬레나가 되고 말았다. 사랑의 묘약의 힘은 너무나 강력해서, 허미아를 향한 라이샌더의 사랑은 순식간에 사라지고 대신 바로 그 자리에서 헬레나에게 반해버리고 말았다.

이런 안타까운 실수가 벌어지기 전으로 돌아가 보자면, 헬레나는 드미트리어스를 따라잡으려고 안간힘을 쓰며 그의 뒤를 쫓고 있었다. 하지만 곧 드미트리어스를 놓치고 말았다. 거부당한 비참한 마음으로 숲 속을 헤매던 그녀는 라이샌더가 잠을 자고 있는 곳까지 오게 되었던 것이다. "이런! 라이샌더가 땅에 누워 있잖아? 죽은 거야, 잠든 거야?" 헬레나는 라이샌더를 가볍게 흔들며 이렇게 말했다. "이봐요, 살아있다면 일어나 보세요."

라이샌더는 곧 눈을 떴고 사랑의 마법이 효력을 발하기 시작했다. 그는 헬레나에게 사랑한다고 하면서 그녀를 칭송했다. 그녀가 비둘기라면 허미아는 갈가마귀에 지나지 않다면서 그녀를 위해서라면 불 속에라도 뛰어들겠다는 둥 미친 듯이 사랑고백을 늘어 놓았다. 라이샌더가 허미아와 정혼한 사이임을 아는 헬레나는 화가 치밀었다. 그녀는 라이샌더가 자신을 놀리고 있다고 생각했다.

P. 31 "세상에! 나는 왜 태어나서 모든 사람들로부터 이런 조롱과 멸시를 받는 걸까?" 그녀는 이렇게 말한 뒤 달아나 버렸다. 가엾은 라이샌더는 이제 그만 자신의 진짜 연인은 까맣게 잊고 엉뚱한 여자의 꽁무니를 쫓아다니게 되었다. 그리하여 허미아는 한밤중에 숲 한가운데 버려져 혼자 잠들어 있었다.

잠이 깬 허미아는 혼자 남겨진 것을 알고 기겁했다. 뱀이 자신의 가슴에 기어올라 심장을 먹으려 하는 꿈을 꾸었는데, 꿈 속에서 라이샌더는 그걸 보면서 웃으며 앉아만 있는 것이었다. 허미아는 라이샌더가 없어진 것을 보고 혹시 그에게 끔찍한 일이 생긴 것이 아닐까 하는 두려움에 사로잡혔다. 그녀는 라이샌더를 찾으러 뛰어갔다.

그러는 한편, 드미트리어스는 허미아와 라이샌더를 찾다 지쳐서 곯아떨어졌다. 오베론이 그 모습을 발견했다. 퍽에게 몇 가지 물어보고 나서 사랑의 즙이 엉뚱한 사람의 눈에 뿌려진 것을 알았다. 그래서 오베론은 자신이 직접 사랑의 즙을 잠든 드미트리어스의 눈에 발랐다. 드미트리어스는 곧 잠에서 깼고, 맨 처음으로 그의 눈에 띈 사람은 라이샌더에게서 달아나고 있던 헬레나였다.

P. 32 드미트리어스는 라이샌더가 했던 것처럼 헬레나에게 사랑의 고백을 늘어놓기 시작했다. 바로 그때 라이샌더가 모습을 드러냈다. 그리고 그의 뒤를 허미아가 바짝 쫓아오고 있었다. 이제 드미트리어스와 라이샌더 둘 다 헬레나를 향해 구애하기 시작했다.

헬레나는 기절초풍할 노릇이었다. 라이샌더와 드미트리어스, 허미아까지 모두 한통속이 되어 자신을 놀리고 있다는 생각이 들었다.

허미아도 헬레나만큼 기가 막혔다. 자신을 사랑하던 남자들이 어째서 갑자기 둘 다 헬레나를 사랑한다고 하는지 이해가 되지 않았다. 그녀도 이 상황이 즐거울 리 없었다.

둘도 없는 친구 사이였던 허미아와 헬레나는 서로 다투기 시작했다.

"못돼먹은 허미아, 이런 엉터리 칭찬으로 내 속을 뒤집어 놓으라고 네가 라이샌더에게 시켰구나. 그것도 모자라 방금 전까지도 나를 발로 차다시피 했던 너의 또 다른 남자 드미트리어스한테도 나에게 가서 여신이니, 님프니, 소중하기 짝이 없는 천사 같은 존재니 하면서 떠들어대라고 시켰지? 못된 허미아, 우리의 오래된 우정을 잊었니? 우리가 쿠션 하나를 나누어 깔고 앉아 함께 노래하며 바느질하던 그 많은 시간을 잊었어? 허미아, 남자들과 작당하여 불쌍한 친구를 놀려대는 것은 숙녀가 할 짓이 아니야."

P. 33 "그렇게 화를 내는 네 말에 나도 놀라울 따름이야. 내가 너를 놀린다고? 네가 나를 놀리는 것이 아니고?" 허미아가 말했다.

"계속 거짓말할 테면 해봐." 헬레나가 맞받아쳤다. "진지한 표정을 짓다가 내가 고개만 돌리면 서로 눈짓을 주고 받을 테지. 그러려면 그렇게 해. 네게 동정심이나 선함이 조금이라도 남아 있다면 내게 이럴 수는 없어."

헬레나와 허미아가 서로 험한 말을 해대는 동안 드미트리어스와 라이샌더는 둘 중에 누가 헬레나의 사랑을 차지할지 결투로 결판을 내자며 다른 곳으로 갔다.

두 아가씨는 남자들이 사라진 것을 눈치채고 또다시 연인들을 찾으러 숲을 헤매기 시작했다.

요정의 왕과 퍽은 이들이 싸우는 소리를 듣고 있었다. 네 사람이 모두 사라지자 퍽이 입을 열었다. "맙소사, 인간들이란 정말이지 어리석기 짝이 없군요!"

오베론이 퍽에게 말했다. "이게 모두 다 네 탓이야, 퍽. 네놈이 일부러 이런 장난을 친 거지?"

"제발 믿어 주세요, 어둠의 왕이시여. 순전히 실수였어요. 남자가 아테네 옷을 입고 있다고 하셨잖아요. 하지만 일이 이렇게 된 게 오히려 잘됐다는 생각이 드는데요. 갈팡질팡하는 꼴들이 너무 재미있잖아요."

P. 34 오베론이 말했다. "드미트리어스와 라이샌더가 결투할 장소를 찾으러 간다는 소리를 너도 들었겠지. 네게 명령하는데, 오늘 밤 짙은 안개를 퍼뜨려라. 저 연인들이 길을 잃고 서로를 못 찾고 헤매도록 말이야. 그들의 목소리를 흉내 내서 서로에게 모욕적인 언사를 퍼붓거라. 그래서 모두 너를 쫓아오게 만드는 거야. 네 사람 모두 탈진해서 더 이상은 걸을 수도 없게 될 때까지 그 짓을 계속해. 그러다 그들이 쓰러져 잠이 들면 다른 꽃으로 만든 이 즙을 라이샌더의 눈에 떨어뜨려라. 잠에서 깨면 헬레나에 대한 뜬금없는 사랑은 사라지고 허미아에 대한 원래의 열정이 되돌아올 것이다. 그렇게 되면 아름다운 두 아가씨는 각자 자신이 사랑하는 남자와 행복할 수 있을 것 아니냐. 지금까지 있었던 일은 모두 요상한 꿈이었다고 생각하게 될 거다. 서둘러 처리해라, 퍽. 나는 가서 티타니아가 지금쯤 어떤 근사한 애인을 얻었는지 구경이나 해야겠다."

4장

P. 35 티타니아는 아직도 잠을 자고 있었다. 오베론은 보톰이라는 이름의 광대가 숲 속에서 길을 잃고 헤매다 근처에 잠들어 있는 것을 보았다. '이 녀석이 티타니아의 새 애인으로 제격이겠다.' 오베론은 이렇게 생각하고 보톰의 머리에 당나귀 머리를 씌웠다. 당나귀 머리를 아주 살짝 씌운 데다 당나귀 머리가 보톰의 머리에 딱 들어맞았지만 어쨌든 보톰은 잠에서 깼다. 자신이 당나귀 머리를 하고 있는지도 모른 채 그는 요정의 왕비가 잠들어

있는 정원 쪽으로 걸어갔다.

"아, 내 눈에 보이는 것이 천사란 말인가?" 티타니아가 눈을 뜨며 말했다. 작은 자주색 꽃의 즙이 효과를 내기 시작한 것이다. "당신은 그 아름다운 용모만큼이나 지혜로우신 분인가요?"

"글쎄요, 아가씨." 바보 같은 광대가 대답했다. "이 숲에서 나가는 길을 찾을 정도로는 머리가 돌아갈 것 같은 데 말이죠."

P. 36 "숲을 떠날 생각일랑 마세요." 사랑에 눈먼 왕비가 말했다. "저는 요정나라의 왕비고 당신을 사랑해요. 저와 함께 계셔 주세요. 시중을 들어드릴 요정들을 부를게요." 이 말과 함께 티타니아는 그녀의 네 요정 콩꽃, 거미줄, 나방, 겨자씨를 불렀다. "이 다정한 신사분을 받들어 모셔라. 이분을 위해 춤춰라. 포도와 살구를 먹여 드리고, 벌들에게서 꿀 주머니를 훔쳐다 드려라." 그러더니 보톰을 향해 말했다. "여기 와서 제 곁에 앉으세요. 당신의 털북숭이 뺨을 쓰다듬어 드리겠어요, 내 아름다운 당나귀 님! 그리고 당신의 사랑스런 큰 귀에 키스하게 해 주세요, 나의 보드라운 기쁨이여!"

"콩꽃은 어디 있지?" 요정나라 왕비에게는 관심 없고 새로 생긴 하인들만 뿌듯한 당나귀 머리의 광대가 말했다.

"여기 있습니다, 나리." 조그만 콩꽃이 대답했다.

"내 머리를 긁어줘. 거미줄은 어디 있어?" 보톰이 말했다.

"여기 있습니다, 나리." 거미줄이 대답했다.

"머리 긁는 것을 거들어. 그리고 겨자씨는 어디 있어?" 얼간이 광대가 말했다.

"대령했습니다, 나리. 분부 내려 주십시오." 겨자씨가 대답했다.

"다른 요정들을 도와 내 머리를 긁도록 해. 아무래도 이발소에 가야겠어. 얼굴에 털이 엄청 많아진 것 같아."

"사랑스런 내 사랑." 왕비가 그를 불렀다. "무엇을 드시겠어요?
P. 37 요정 하나를 다람쥐 집에 보내 신선한 포도를 가져오라고 할게요."

"그것보다는 건초나 한 줌 먹고 싶은데." 당나귀 머리를 뒤집어 쓰더니 식성까지 당나귀를 닮아버린 보톰이 말했다. "하지만 무엇보다 아무도 나를 방해하지 못하게 해 줘요. 난 한숨 자고 싶으니까."

"그럼 주무세요! 제가 두 팔로 꼭 안아 드릴게요. 오, 당신이 너무 좋아요!

당신에게 홀딱 반했어요!"

P. 38 보톰이 자신의 왕비 품에서 잠들어 있는 것을 본 요정의 왕은 그녀에게 다가가서 당나귀 따위와 애정행각을 벌이다니 무슨 짓이냐고 호통을 쳤다. 왕비는 자신이 만들어 준 화관을 머리에 쓴 채 자신의 품에 잠들어 있는 광대 때문에 빼도 박도 못하고 그 사실을 인정할 수밖에 없었다.

오베론은 왕비가 수치심을 느낄 때까지 놀려댔다. 그는 인도 소년을 내놓으라고 재차 요구했다. 왕비는 너무도 망신스러워 더 이상 버티지 못하고 소년을 내주고 말았다. 티타니아가 불쌍해진 오베론은 다른 꽃즙을 왕비의 눈 위에 뿌렸다. 요정나라 왕비는 곧 제정신으로 돌아왔다. 요상한 괴물이 자신의 품에 안겨 있는 것을 보고 대체 어찌된 영문인지 어리둥절할 따름이었다.

오베론은 보톰의 당나귀 머리도 벗겨 주었다. 그리고 원래부터 달렸었던 자신의 멍청이 머리를 단 채 낮잠을 마저 자도록 내버려 두었다.

오베론과 티타니아는 이제 서로 화해했다. 오베론은 왕비에게 간밤에 있었던 아테네 연인들의 다툼 이야기를 해 주었다. 왕비도 오베론을 따라서 젊은 남녀들의 모험이 어떻게 끝을 맺는지 보러 가기로 했다.

요정의 왕과 왕비는 두 청년과 아름다운 두 아가씨가 널따란 풀밭 위에 서로에게서 적당히 떨어져 누워 잠들어 있는 것을 발견했다.

P. 39 퍽은 네 사람 모두를 같은 장소에 모으되 서로의 눈에는 띄지 않게 하는데 성공했고, 이로써 자신이 저지른 실수를 만회한 셈이 되었다. 그리고 퍽은 요정의 왕이 준 해독제를 라이샌더의 눈에 조심스럽게 발라 주문을 풀어놓았다.

5장

동이 텄지만 네 연인들은 여전히 평화롭게 잠들어 있었다. 사냥하는 무리의 나팔소리가 희미하게 들려오는데도 잠에서 깨지 않았다. 사냥무리는 테세우스 대공과 히폴리타, 이지어스 그리고 그들의 수행원들이었다. 그날 있을 대공과 히폴리타의 결혼식에 앞서 사냥을 나온 것이었다. 테세우스가 잠든 젊은이들을 보고 소리쳤다. "멈춰라! 이들은 요정인가?"

"전하, 여기 잠들어 있는 것은 제 여식이옵니다." 이지어스가 대답했다. "그리고 이쪽은 라이샌더, 여긴 드미트리어스, 그리고 여기 있는 건 헬레나인데요.

P. 40 이 아이들이 대체 무슨 이유로 여기 함께 모여 있는지 영문을 모르겠습니다."

"아마 우리가 이쪽으로 온다는 것을 미리 알고 결혼 축하 인사를 하려고 새벽부터 일어나 왔나 보군." 테세우스가 말했다. "이지어스, 허미아가 결정을 내리기로 한 날이 오늘 아니었던가?"

"그렇습니다, 전하." 이지어스가 대답했다.

"사냥꾼들, 나팔을 불어서 이 사람들을 깨워라." 테세우스가 지시했다.

사냥꾼들이 나팔을 불었고 그 소리에 네 젊은이들이 잠에서 깼다.

"너희 모두에게 이르노니, 일어나거라." 테세우스가 명령했다. 그리고 라이샌더를 향해 말했다. "너와 드미트리어스는 사이가 좋을 리가 없을 텐데. 어쩌자고 드미트리어스 근처에서 그렇게 겁도 없이 새근새근 잠들어 있었던 것이냐?"

라이샌더는 어리둥절한 모습이었다. "전하, 저는 아직도 비몽사몽간입니다. 제가 어떻게 이곳으로 오게 됐는지도 잘 모르겠습니다만, 확실한 것은, 제가 허미아와 함께 이 숲으로 왔다는 겁니다. 저희 두 사람은 목숨을 내놓아야 하는 법을 피하기 위해 아테네를 떠나기로 했습니다."

이지어스가 언성을 높이며 끼어들었다. "뻔합니다, 전하, 전하께서도 확실히 들으셨죠? 법으로 이놈의 목숨을 빼앗아 주십시오. 제 말을, 그러니까 드미트리어스의 아내를 훔치려 했던 놈입니다."

P. 41 이번엔 드미트리어스가 입을 열었다. "전하, 아름다운 헬레나가 제게 이들의 탈출계획을 알려 주었고 제가 격분해서 이들을 추격했습니다. 아름다운 헬레나가 저를 사랑하는 마음으로 따라왔습니다. 대공 전하, 어떤 힘인지는 몰라도, 하여튼 어떤 힘이 제가 허미아에 대해 품고 있던 사랑을 눈 녹듯 녹여 버렸습니다. 이제 제 마음은 아름다운 헬레나를 향해 있습니다. 제가 허미아를 보기 전까지 사랑해왔던 그 헬레나 말입니다. 마치 한동안 병에 걸려 있다가 이제 건강을 회복한 느낌입니다. 이제 영원토록 헬레

나에게 충실할 작정입니다."

"아름다운 연인들이여, 너희들의 역경은 끝났다." 테세우스가 말했다. "이지어스, 이제 그대의 말은 더 이상 듣지 않겠소. 결정을 내리겠소. 오늘 신전에서 나와 히폴리타가 결혼식을 올릴 때 이들 두 쌍의 연인들도 백년가약을 맺게 될 것이오. 이제 아테네로 돌아갑시다. 이리 와요, 히폴리타."

"참 이상한 일도 다 있군요, 테세우스." 아테네로 말을 타고 돌아가며 히폴리타가 말했다.

"그렇소. 참 신기한 일이오." 테세우스가 대답했다. "난 연인과 광인은 절대로 믿지 않지. 둘 다 머리 속이 환상으로 뒤죽박죽이거든. 사실, 광인과 연인, 그리고 시인은 모두 상상력이 너무 많은 것이 탈이라는 공통점을 가지고 있어.

P. 42 셋 다 냉정한 이성이 이해할 수 있는 것 이상을 보거든. 광인의 눈에는 드넓은 지옥에 득시글대는 것보다도 더 많은 악마가 보이지. 또 연인은 가장 별볼일없는 얼굴에서 절세미녀를 발견하기 마련이오. 시인의 눈으로 말하자면, 그 머리통 속에서 빙글빙글 돌면서 천상에서 지상까지, 지상에서 천상까지 한눈에 훑어보지 않소? 거기다 상상력으로 새로운 미지의 존재들을 창조해내고, 또 글을 지어서 존재하지도 않는 것들에 이름과 주소를 갖다 붙인다 이 말이오. 상상력이 너무 많으면 있지도 않은 즐거움을 만들어 내기 때문에 문제가 된다니까. 게다가 두려움까지 만들어 내지. 마치 밤에 덤불이 곰으로 보이듯 말이오!"

테세우스와 히폴리타 그리고 그 일행이 모두 가버린 후에도, 젊은 연인들은 완전히 정신을 차리지 못했다.

"모든 것이 작고 흐릿해 보이는걸." 드미트리어스가 말했다.

"저는 모든 게 두 개로 보여요." 허미아가 그 말을 받았다.

"그런데 마치 잃어버렸던 보석처럼 드미트리어스 님이 제게 다시 돌아오셨군요." 헬레나가 말했다.

"이게 생시이긴 한 건가요? 아직도 잠을 자면서 꿈을 꾸는 것만 같군요. 방금 전까지 대공이 여기 계셨고 우리에게 따라오라고 하신 거 맞아요?" 드미트리어스가 물었다.

"맞아요. 제 아버지도 계셨어요." 허미아가 대답했다.

P. 43 "그리고 히폴리타 님도요." 헬레나가 말했다.

"그리고 확실히 우리에게 신전으로 따라와서 결혼식을 올리라고 하셨어요." 라이샌더가 말했다.

"그럼, 우리가 깨어있는 게 맞네." 드미트리어스가 말했다. "대공을 따라갑시다. 꿈 이야기는 가면서 마저 털어놓읍시다."

대공의 성대한 결혼식장에서 자신들도 부부의 인연을 맺기 위해 청춘남녀들은 테세우스 일행을 서둘러 쫓아가기 시작했다.

요정의 왕과 왕비는 숨어서 이 모든 것을 지켜보고 있었다. 오베론의 훌륭한 솜씨로 모든 연인들이 행복한 결말에 이르는 것을 보고 둘 다 감동한 나머지 이들의 결혼에 축복을 내리기로 결정했다. 오베론은 요정들을 보내 신혼부부들의 침대에 이슬을 뿌려 축복하라고 했다. 이로써 세 쌍의 부부 모두 결혼 첫날밤 수태를 하고, 그 아이들이 운과 사랑을 타고 나되, 사마귀나 언청이 입, 또는 그보다 더한 어떤 기형도 없도록 조처했다. 뿐만 아니라 요정의 왕은 대공의 궁전에도 축복을 내려서, 궁전이 항상 달콤한 평안으로 가득 차게 하고, 테세우스의 신변에 나쁜 일이 생기지 않도록 했다.

P. 44 만약 누군가 요정과 그들의 장난에 관한 이 이야기를 듣고 기분 상한 사람이 있다면, 또 이 이야기가 믿을 수 없을 만큼 얼토당토않다고 여겨진다면, 단지 잠이 든 사이 꿈을 꾸었다고 생각하면 될 것이다. 지금까지 말한 모든 모험은 우리가 꿈에서 본 영상일 뿐이었다.

P. 45 다만 나의 독자들 중 이 귀엽고 악의 없는 한여름 밤의 꿈에 대해 기분 나빠하는 사람이 없기를 바랄 뿐이다.

베니스의 상인

> **등장인물**
>
> **샤일록** 부유한 유대인
> **안토니오** 베니스의 상인
> **밧사니오** 안토니오의 친구
> **포샤** 부유한 상속녀, 밧사니오의 아내
> **그라시아노** 밧사니오의 수행원
> **네리사** 포샤의 시녀, 그라시아노의 아내
> **베니스 대공**
> **모로코 왕자** 포샤의 구혼자
> **제시카** 샤일록의 딸
> **로렌조** 제시카의 연인

1장

P. 49 베니스에 샤일록이라는 유대인이 살고 있었다. 그는 기독교인 상인들에게 돈을 빌려 주고 높은 이자를 받아 막대한 재산을 모은 고리대금업자였다. 샤일록은 돈거래에 있어서는 냉혹하기 짝이 없어서 받을 돈은 반드시 받아내고야 말았다. 이 때문에 베니스 사람들 사이에서 그에 대한 원성이 자자했는데, 특히 젊은 상인 안토니오가 그를 혐오했다. 안토니오는 형편이 어려운 사람들에게 돈을 빌려 주면서 이자도 받지 않는 사람이었다.

샤일록도 그에 못지않게 안토니오를 미워했다. 안토니오가 공짜로 돈을 빌려 주는 바람에 자신이 돈을 벌 기회를 놓치는 데다가, 거래소에서 마주칠 때마다 자신을 조롱하면서 악랄하게 돈벌이를 한다며 비난하기 때문이었다. 샤일록은 꾹꾹 눌러 참았지만 속으로는 호시탐탐 복수의 기회를 노리고 있었다.

안토니오는 샤일록을 제외하면 누구에게나 친절했다. 항상 사람들을 돕는 데 앞장섰기 때문에 베니스의 모든 시민들이 그를 사랑했다.

P. 50 그의 가장 친한 친구는 베니스의 귀족인 밧사니오였다. 밧사니오는 물려받은 재산이 얼마 되지 않았는데도 사치스러운 생활을 하다가 거의 전 재산을 탕진하고 말았다. 높은 지위를 타고 났지만 가진 돈은 별로 없는 젊은이가 저지르기 쉬운 실수였다. 그리고 밧사니오가 돈이 궁할 때마다 안토니오가 그를 도와 주었다. 두 사람 사이에는 마음뿐만 아니라 지갑도 하나인 것 같았다.

어느 날 밧사니오가 안토니오를 찾아와서, 자신이 어떤 아가씨를 지극히 사랑하고 있으며 그녀와 결혼하고 싶다고 말했다. 아가씨의 부친이 최근에 세상을 뜨면서 딸에게 막대한 재산을 남겼다고 했다. 그 부친께서 살아계실 때부터 그 집에 드나들었는데 그 아가씨도 자신을 사모하고 있는 것이 분명하다는 것이었다. 단, 그렇게 부유한 상속녀에게 구혼하기 위해서는 자금이 필요한데 자신에게 그럴 돈이 없는 것이 문제였다. 밧사니오는 안토니오에게 3천 더커트를 빌려 달라고 청했다.

이때 안토니오는 자신의 상선들이 돌아오기를 기다리고 있던 터라 당장은 빌려 줄 돈이 없었다. 하지만 자신의 배들이 물건을 가득 싣고 곧 귀항하기로 예정되어 있었다. 안토니오는 돈 많은 고리대금업자 샤일록을 찾아가면 자신의 배를 담보로 하여 돈을 빌릴 수 있을 거라고 했다.

그래서 밧사니오는 샤일록을 만나러 가서 3천 더커트를 대출받고 싶다고 했다.

P. 51 "3천 더커트 말씀이십니까? 그리고요?" 샤일록이 말했다.

"그렇소, 선생. 석 달간 빌려 주시오."

"석 달간이라. 그리고요?"

"말한 대로 안토니오가 보증을 설 거요." 밧사니오가 말했다.

"안토니오 님이 보증인이시라? 그리고요?"

"돈을 빌려 주겠소? 대답을 해 주시오."

"3천 더커트를 석 달간, 그리고 안토니오 님이 보증을 서신다." 샤일록이 말했다.

"그렇소. 빌려 줄 거요, 말 거요?"

"안토니오 님은 좋은 분이시죠."

"그렇지 않다고 말하는 사람이라도 있다는 거요?" 밧사니오가 물었다.

"아뇨, 아뇨, 그럴 리가 있겠습니까? 제가 좋은 분이라고 말씀드린 것은 그분의 재력을 두고 한 말입니다. 하지만 그분 재산은 서류상으로 존재할 뿐이죠. 그분의 상선 한 척은 트리폴리로, 또 한 척은 인도로 향하고 있죠. 또 제가 듣기로 세 번째 상선은 멕시코로, 네 번째는 잉글랜드로 가고 있다면서요. 그분의 재산은 죄다 해외에 있네요. 하지만 배란 것은 나무판자에 지나지 않고 선원들은 인간에 불과해요.

P. 52 바다에는 무서운 해적이 득시글거리고 폭풍과 암초를 만날 위험도 있어요. 하지만 어쨌거나 그분은 부자이십니다. 3천 더커트라. 그분이 보증을 선다는 조건을 받아들이죠. 안토니오 님과 만나야겠네요."

"저녁식사라도 함께 하면서 이야기합시다."

"저는 당신네 나사렛 출신 선지자가 먹어도 좋다고 허락한 그 돼지고기 냄새라면 질색입니다." 샤일록이 대꾸했다. "당신들과 사고, 팔고, 이야기하고, 함께 걷거나 뭐 그런 일들은 하겠지만 당신들과 함께 먹거나, 마시거나, 기도하지는 않겠소."

안토니오가 도착하자 샤일록은 속으로 생각했. '내 원한을 갚을 기회가 왔어. 이놈은 유대인을 혐오하고, 공짜로 돈을 빌려 주고, 다른 상인들이 있는 앞에서 나를 욕하고, 내가 정당하게 버는 이자를 두고 강도질이라고 했겠다. 내가 이놈을 용서한다면 내 민족이 저주받을 일이야!'

샤일록은 안토니오를 향해 말했다. "안토니오 나리, 나리께서는 거래소에서 수없이 저의 돈놀이를 비난하셨지만 저는 그저 묵묵히 듣고만 있었지요. 저보고 이교도라 부르시고, 또 고약한 개라고 욕을 하시면서 제 유대인 옷에 침을 뱉고 발길질을 하셨죠. 그런데 이제 '샤일록 돈 좀 빌려 주게.' 라면서 제 도움을 청하시는군요.

P. 53 개가 무슨 돈이 있습니까? 개에게 무슨 돈이 있어 3천 더커트를 빌려 드리겠습니까? 제가 엎드려 절이라도 하면서 '자상하신 나리, 지난 수요일에 저에게 침을 뱉으셨고, 또 다른 날에는 개만도 못한 인간이라고 불러

주셨으니, 그 황송한 은혜에 보답하기 위해 그 돈을 빌려 드립지요.' 라고 말씀드려야 하나요?"

안토니오가 대꾸했다. "아마 나는 다시 당신을 개라고 부를 거요. 그리고 다시 침을 뱉으며 당신을 조롱할 거요. 나에게 돈을 빌려 줄 거라면 친구로서가 아니라 원수로서 빌려 주시오. 만약 내가 돈을 갚지 못한다면, 당신은 당당히 위약금을 챙길 수 있지 않겠소."

"아니, 왜 이렇게 화를 내십니까?" 샤일록이 말했다. "저는 나리와 친구가 되고 싶을 따름입니다. 그리고 나리의 호의를 받고 싶습니다. 나리에게 받은 멸시를 모두 잊겠어요. 이자 없이 그 돈을 빌려 드리지요."

안토니오는 이 친절한 제안에 적잖이 놀라면서도 기분이 좋았다. 샤일록은 자신이 바라는 건 안토니오의 호의뿐이라고 재차 말했다. 이자도 받지 않되, 다만 장난 삼아, 자신과 함께 공증인에게 가서, 만에 하나 안토니오가 정해진 날까지 돈을 갚지 못할 때에는 샤일록이 원하는 어느 부위에서든 안토니오의 살점 1파운드를 잘라 가질 수 있다는 계약서에 서명하자고 했다.

P. 54 안토니오는 자신의 상선들이 지급만기일이 되기도 전에 도착할 거라고 자신하고 있었다. 그 계약서에 서명하겠다고 하면서 밧사니오에게 이렇게 말했다. "유대인에게도 친절한 마음이 있군그래."

밧사니오는 안토니오에게 그런 계약서에 서명하면 안 된다고 말했지만, 안토니오는 자신의 배들이 빌린 액수의 몇 배나 되는 물건을 싣고 곧 당도할 것이라며 계약하겠다고 우겼다.

두 사람의 언쟁을 듣고 있던 샤일록이 외쳤다. "오, 아브라함 아버지, 기독교인들은 왜 이리 의심이 많은 겁니까! 자기네가 거래를 했다 하면 어렵게 하다 보니 다른 사람의 거래마저 의심스럽나 봅니다. 말씀 좀 해보십시오, 밧사니오 님, 이분의 살점 1파운드가 무슨 가치가 있겠습니까? 제가 얻는 게 뭡니까? 차라리 양고기나 쇠고기 1파운드가 더 값이 나가지 않겠습니까? 저는 우정을 돈독하게 하기 위해 이 계약을 제안하는 겁니다. 싫으면 관두시라고 하십시오."

다시 한 번 밧사니오는 자신 때문에 그런 계약서에 서명해서 행여라도 끔찍한 처벌을 당할 위험을 감수하지 말 것을 안토니오에게 당부했다. 하지만 안토니오는 계약내용을 단지 장난으로만 여기고 서명했다.

2장

P. 55 밧사니오가 결혼하기 원하는 부유한 상속녀는 베니스에서 멀지 않은 벨몬트라는 곳에 살고 있었다. 그녀의 이름은 포샤였다. 아름다운 외모뿐만 아니라 훌륭한 인품까지 지닌 아가씨였다. 그런데 불행히도 그녀는 결혼상대를 자기 마음대로 고를 수가 없었다. 아버지가 남긴 유언장에, 금과 은 그리고 납으로 만들어진 세 개의 상자 중 포샤의 초상이 들어있는 상자를 골라내는 데 성공하는 구혼자와 결혼해야 한다고 명시되어 있기 때문이었다. 하지만 잘못된 선택을 하는 구혼자는 평생 독신으로 살아야 한다는 조건이 붙어 있었다. 포샤를 찾아와 어떤 상자를 열지 선택한 첫 번째 구혼자는 모로코 왕자였다. 그는 금으로 만든 상자를 골랐다.

"자, 그럼 상자를 열어보세요, 왕자님." 포샤가 말했다. "제 초상이 안에 있으면 저는 왕자님의 여자예요."

하지만 상자 안에서 왕자가 발견한 것은 그녀의 초상이 아니라, 금으로 만든 해골과 해골의 눈에 말아서 끼워 놓은 쪽지였다.

P. 56 쪽지에는 이렇게 적혀 있었다.

반짝인다고 해서 모두 금은 아니다.
그대도 이 말을 자주 들어보았을 텐데.

쪽지를 읽은 모로코 왕자는 지체 없이 떠나버렸다. 포샤는 그가 가버리는 것이 반갑기 그지없었고, 왕자와 같은 인종에 속한 사람들은 모두 엉뚱한 상자를 골랐으면 좋겠다고 말했다.

한편, 샤일록은 자신의 무남독녀 외동딸 제시카가 기독교인 남자와 눈이 맞아 도망쳤다는 것을 알았다. 그는 화가 나 펄펄 뛰며 딸과 의절해 버렸. "내 살과 피를 받은 피붙이가 나를 배신할 줄이야!" 샤일록이 거래소에서 만난 상인들에게 말했다. 하지만 그에게 동정심을 느끼는 사람은 없었다. 상인 중 한 사람이 말했다.

"당신의 살과 당신 딸의 살은 흑단과 아이보리보다도 더 큰 차이가 나지요. 당신과 당신 딸의 피는 적포도주와 물보다도 더 판이하다고요. 그건 그렇고 말해보시오, 안토니오의 배가 바다에서 사고나 당하지는 않았는지 말이오."

"그 경우에는 내 손해가 더 막심하지." 샤일록이 대꾸했다. "그놈은 파산을 하고 망신스러워서 거래소에 얼굴을 내밀지도 못하고 있어. 나만 보면 잘난 척하던 놈이 이제 알거지가 되었다네. 자, 이제, 자기가 서명한 차용증서를 상기시켜 줘야겠지?

P. 57 걸핏하면 나를 고리대금업자라고 불렀겠다. 차용증서를 들이밀어야지. 그동안 기독교인의 자비심이 어쩌고 하면서 무이자로 돈을 빌려 주었다 이거지. 자기가 서명한 차용증서가 기억나게 해 주고말고."

"하지만 그 사람이 지불능력이 없다고 해서 설마 그 사람 살점을 정말로 잘라내지는 않겠죠, 그렇지 않소? 그래 봐야 무슨 소용이 있겠소?" 상인 중의 한 사람이 물었다.

"물고기를 낚는 미끼로 쓸 거요." 샤일록이 대답했다. "그래요, 다른 데는 아무 쓸모 없겠지만 내 원한은 풀어 주거든. 그놈이 나에게 망신만 준 것이 아니오. 그놈만 아니었더라면 난 50만 더커트나 더 벌 수도 있었어. 내가 손해 보면 비웃고 이익을 보면 조롱했소. 내 민족을 경멸하고 내 장사를 망치고 내게서 친구들을 떼어 놓고 적들을 충동질했다고요. 그놈이 그러는 이유가 뭔지 아시오? 내가 유대인이기 때문이라는 거요. 하지만 유대인에게는 눈도 없는 줄 아시오? 유대인에게도 손, 오장육부, 감각, 사랑, 열정 다 있소. 기독교인이 먹는 것과 같은 음식을 먹고, 같은 무기에 다치고, 같은 병에 걸리고, 같은 약으로 병을 고치고, 그들과 마찬가지로 여름엔 덥고 겨울엔 춥단 말이오.

P. 58 우린 뭐 칼로 찌르면 피 한 방울 안 나는 줄 아시오? 간지럼을 태우면 우리라고 웃지 않겠냔 말이오. 독을 먹이면 우리도 똑같이 죽어요. 그러니 당신네들이 우리에게 잘못하면 우리도 복수할 수밖에! 우리가 다른 면에서 당신네들과 같다면 그 점에 있어서도 다를 게 없단 말이오."

이 무렵, 밧사니오는 친구 안토니오가 목숨을 잃을 각오를 하고 융통해 준 돈으로 그라시아노라는 남자와 함께 화려한 수행행렬을 마련해 벨몬트로 떠났다.

밧사니오는 세 개의 상자 중, 납으로 만든 상자를 고르며 이렇게 말했다.

"그런고로, 눈부신 황금이여, 미다스도 씹지 못할 만큼 단단한 너를 고르지 않겠다. 그리고 너, 창백하고 흔하디 흔한 은이여, 너도 고르지 않겠다. 하지만 너, 뭔가를 약속하기보다는 겁을 주려는 것 같은 초라한 납이여, 너의 가식 없는 모습이 화려한 웅변보다 나를 더 감동시키는구나. 그래서 그대를 고르겠다. 부디 내 결정이 기쁨을 가져오기를!"

밧사니오는 자신이 고른 상자에 아름다운 포샤의 초상이 있는 것을 보고 뛸 듯이 기뻐했다. 이미 전부터 밧사니오를 사랑하고 있었던 포샤도 기쁜 마음으로 그를 남편으로 받아들였다. 밧사니오는 자신이 빈털터리이며 가진 것이라고는 귀족혈통뿐이라고 고백했다. 하지만 포샤가 그를 사랑하는 이유는 그의 훌륭한 인품 때문이며 그녀 자신이 남편의 재산을 따지지 않아도 될 만한 부자였다. 포샤는 우아하고 겸손한 태도로, 그의 아내가 될 자격을 갖추려면 지금보다 만 배나 더 아름답고, 만 배나 더 돈이 많아도 부족하다고 말했다.

P. 60 사실 포샤는 학식이 매우 높은 여인이었지만 겸손하게도 자기 자신을 배울 점이 많은 무식한 여자라고 부르면서, 스스로를 밧사니오에게 맡기고 그의 가르침을 좇을 것이며 모든 일에서 그의 결정에 따르겠다고 했다. "제 자신과 제가 가진 모든 것은 이제 당신의 것이에요. 어제까지는 제가 이 아름다운 궁전의 주인이요, 제 스스로가 여왕으로 하인들 위에 군림했지요. 하지만 이제 이 궁전과, 하인들과, 저의 주인은 당신이에요, 나의 주인님. 그 모든 것을 여기 이 반지와 함께 드리겠어요." 포샤는 반지 하나를 밧사니오에게 주었다.

밧사니오는 이런 부유하고 아름다운 포샤가 자신 같은 가난한 사람을 받아 주는 것에 너무나 감격했다. 그 기쁨을 말로는 표현할 길이 없었다. 그저 반지를 받아들고 영원히 빼지 않겠다고 맹세함으로써 감사에 대신할 뿐이었다.

그라시아노가 밧사니오를 수행하고 있을 때 포샤에게도 네리사라는 시녀가 있었다. 두 사람 사이에도 사랑이 싹텄다. 그라시아노는 자신과 네리사도 밧사니오와 포샤가 결혼할 때 함께 결혼식을 올려도 되는지 물었고, 두 사람 모두 그의 청을 흔쾌히 받아들였다.

P. 61 하지만 연인들의 행복은 안토니오에게서 온 편지로 인해 슬프게도

풍비박산이 나고 말았다. 편지를 읽는 밧사니오의 얼굴이 새파랗게 질렸다. 포샤는 어떤 가까운 친구의 부음인 줄 알고 걱정했다. 무슨 소식이길래 그렇게 슬퍼하느냐고 묻자 밧사니오가 대답했다. "오, 사랑하는 포샤, 지금 내가 하는 말보다 더 뼈아픈 말은 앞으로도 다시 없을 것이오. 나는 빚을 지고 있소. 당신에게 돈 한 푼 없는 신세라고 솔직히 말했지만 사실은 그것보다도 더 한심한 처지요." 밧사니오는 포샤에게 자신 때문에 안토니오가 유대인 샤일록에게 돈을 빌린 사정을 이야기해 주었다. 그리고 기일 내에 빌린 돈을 갚지 못하면 살점 1파운드를 내놓기로 한 차용증서에 대해서도 말했다. 그리고 밧사니오는 안토니오가 보낸 편지를 읽어 주었다.

친애하는 밧사니오, 내 배들이 모두 난파되었고, 차용증서의 지불기한은 지나버렸네. 차용증서에 적힌 대로 유대인에게 위약금을 물어야 하게 됐다네. 제발 와 주게. 죽기 전에 마지막으로 자네를 보고 싶네.

P. 62 "오, 사랑하는 밧사니오 님, 빌린 돈의 스무 배라도 드릴게요. 지체 없이 떠나셔서 사랑하는 친구분을 구하세요." 포샤가 말했다. 그리고, 밧사니오가 그녀의 재산에 대한 법적 권리를 행사할 수 있도록 떠나기 전에 결혼하자고 했다. 그래서 두 사람은 바로 그날 결혼식을 올렸고, 그라시아노와 네리사도 결혼했다. 결혼식이 끝나기가 무섭게 밧사니오와 그라시아노는 부랴부랴 베니스로 떠났다.

그들은 이미 감옥에 갇혀 있는 안토니오를 만났다. 샤일록은 밧사니오가 주는 돈을 받으려 하지 않았고 안토니오의 살점 1파운드를 고집했다. 베니스 대공 앞에서 열리는 재판날짜가 정해졌고 밧사니오는 속이 타들어가는 심정으로 기다렸다.

3장

포샤가 남편에게 작별을 고할 때는 명랑한 목소리로 소중한 친구와 함께 돌아오시라고 말했다. 하지만, 혼자 남아 생각해보니 상황이 안토니오에게

유리하게 풀릴 것 같지 않아 염려가 되었다. 자신이 매사에 밧사니오 뜻에 순종하며 자신보다 우월한 그의 지혜에 따라 다스림을 받겠다고 말한 사실은 잘 기억하고 있었다.

P. 63 하지만 사랑하는 남편의 가장 친한 친구의 목숨이 왔다갔다하는 상황이다 보니, 자신이 가진 모든 능력을 동원해서 적극적으로 나서서 돕지 않을 수가 없었다.

포샤에게는 벨라리오라고 하는 법관 친척이 있었는데, 마침 이 사람이 안토니오 사건을 심리하기로 위촉되어 있었다. 그녀는 그 친척에게 편지를 보내 사건을 설명하고, 판결을 위한 훌륭한 조언과 함께 재판관이 입는 법복을 보내달라고 요청했다. 조언을 담은 답장과 법복이 도착하자 포샤와 시녀 네리사는 남자로 변장했다. 법복을 입은 포샤는 서기 차림을 한 네리사와 함께 떠났다. 두 사람은 곧바로 출발해서 재판 당일 베니스에 당도했다.

그들은 재판이 막 시작되려 할 때 법정에 들어섰고, 포샤는 대공 앞에 벨라리오의 편지를 제시했다. 편지에는 자신이 병에 걸려 재판을 진행할 수 없게 되었으니 여기 이 젊은 법관이 자신을 대신해 그 사건을 담당하게 해달라고 쓰여 있었다. 대공은 이에 동의하면서도 법복과 커다란 가발로 그럴듯하게 변장한 이 낯선 법관의 앳된 모습을 보고 적잖이 놀랐다.

P. 64 그리고 이제 중대한 재판이 시작되었다. 법정을 둘러보던 포샤는 밧사니오를 발견했지만 그는 변장한 자신의 아내를 알아보지 못했다. 그는 친구 안토니오 옆에 겁에 질리고 걱정스런 얼굴로 서 있었다. 포샤는 자신의 역할이 얼마나 중요한지 느꼈고, 그 때문에 오히려 용기가 솟았다. 그녀가 듣는 가운데 대공이 안토니오에게 말했다.

"참으로 유감스럽게 됐소. 당신 상대는 비정한 냉혈한이오. 비인간적인데다 동정심이나 자비라고는 찾아볼 수 없는 자요."

안토니오가 답변했다. "대공 전하께서 그자의 마음을 돌리려고 무척이나 애써 주셨다는 것을 들어 알고 있습니다. 하지만 그자가 고집을 꺾으려 들지 않고 법도 저를 살릴 수 없으니 그저 묵묵히 평온한 마음으로 그자의 분노를 견디어낼 각오가 되어 있습니다."

대공은 샤일록을 법정으로 불러들여 말했다.

"샤일록, 세상사람들 모두, 그리고 나 자신도 마찬가지지만, 당신이 안토니오를 미워한 나머지 겁을 주려고 이런 일을 꾸몄다는 걸 잘 알고 있소. 그러니 마지막에 가서는 결국 자비를 베풀 것으로 생각하오. 살점 1파운드의 위약금을 잊어줄 뿐만 아니라, 인간적인 정과 사랑으로 감화되어서, 상선을 모두 잃은 안토니오를 불쌍히 여기는 마음으로 원금까지도 감해줄 것으로 믿으오.

P. 65 우리 모두 자비로운 답변을 기대하고 있겠소, 유대인."

"소인은 이미 대공 전하께 제가 원하는 바를 말씀드렸습니다." 샤일록이 대답했다. "저는 차용증서에 명시된 대로 위약금을 받아내겠노라고 제 민족의 신성한 안식일을 두고 맹세했습니다. 전하께서 법을 무시하시면, 베니스의 모든 상거래 질서를 무너뜨리시는 게 됩니다. 전하께서는 제게 왜 3천 더키트를 거부하고 그깟 썩어가는 살점 1파운드를 고집하느냐고 물으시겠죠. 그저 그렇게 하고 싶을 따름이라는 답변밖에는 드릴 말씀이 없습니다. 전하의 질문에 대답이 됐나요? 어떤 이들은 쥐라면 질색을 하고 또 어떤 사람들은 돼지를 못 참는가 하면 고양이를 싫어하는 사람도 있습니다. 심지어는 백파이프가 싫다는 사람도 있습니다. 저는 안토니오가 싫습니다. 그것이 이유입니다. 대답이 됐습니까?"

"그런 답변으로 당신의 잔인함이 용납되리라고 생각하지 마시오." 밧사니오가 말했다.

"당신 마음에 드는 답변을 할 의무가 내게 있기나 합니까?" 샤일록이 대답했다.

"이 유대인과 설왕설래해봤자 헛수고입니다." 안토니오가 끼어들었다. "차라리 해변에 나가 서서 파도에게 멈추라고 하는 게 낫습니다.

P. 66 늑대에게 도대체 왜 양을 위협하느냐고 물어보는 것과 매한가지죠. 차라리 산에 있는 소나무에게 돌풍이 불어와도 나뭇가지를 흔들지도 말고 소리도 내지 말라고 하는 것과 같습니다. 이 자의 마음보다 더 철통 같은 건 없을 테니 그 마음을 녹이는 건 불가능합니다. 바라건대, 더 이상 어떤 제안도 하지 말고, 이 말 저 말 하지도 말고, 그저 빨리 판결이 나서 저 유대인이 원하는 대로 빚을 갚을 수 있도록 해 주십시오."

"빌린 3천 더키트 대신 여기 그 두 배를 주겠소." 밧사니오가 샤일록에게 돈을 내밀며 말했다.

"3만 6천 더커트를 준다 해도 받아들일 마음 없소. 차용증서대로 합시다." 샤일록이 말했다.

"본인이 자비를 베풀 마음이 없다면 다른 사람의 자비도 기대하지 말게." 대공이 말했다.

"제가 뭘 잘못했다고 이러십니까?" 샤일록이 물었다. "여러분에게는 짐승처럼 부리는 노예가 여럿 되지요. 돈을 주고 샀다는 이유로 노예들을 당나귀나 개처럼 취급하죠. 만약 제가 여러분에게 이렇게 말한다 칩시다. '그 노예들을 풀어 주고 당신들의 자녀와 결혼시키시오. 왜 그들을 착취하면서 고생을 시키는 겁니까? 노예들에게도 여러분의 침대처럼 포근한 잠자리를 마련해 주고 여러분이 먹는 것과 똑같은 음식을 주시오.' 그러면 여러분은 이렇게 말하겠지요. '노예는 우리 소유다.'

P. 67 그러니 이제 제 대답을 드리죠. 제가 이 사람에게 받아내기로 되어 있는 살점은 제가 산 것입니다. 제 소유이니 제가 가져야겠습니다. 만약 그것을 부인하면 당신들의 법 전체가 무너집니다! 재판을 받고 있는 것은 제가 아닙니다. 전 단지 판결을 내려달란 말입니다. 대답해 주십시오. 살점을 가져가도 되겠습니까?"

"오, 이런 천벌을 받을 짐승! 피에 굶주린 늑대 같은 놈!" 그라시아노가 외쳤다.

"공연히 욕해봐야 자네 숨만 가쁘지, 젊은 양반. 난 여기 법을 지키러 온 것뿐이야." 샤일록이 대꾸했다.

대공이 벨라리오의 편지를 다시 읽어보는 동안 샤일록은 자신의 구두에 대고 칼을 갈았다. 대공은 포샤를 배석한 사람들에게 소개한 뒤 물었다. "이 편지를 보니 이 재판을 위해 젊지만 학식 있는 법관을 추천한다고 되어 있소. 환영하오. 자리에 서시오. 사건 내용은 들어 알고 있소?"

"그렇습니다." 포샤가 대답했다.

"안토니오와 샤일록 두 사람 모두 앞으로 나오시오." 대공이 말했다.

"샤일록, 매우 이상한 소송이긴 하지만, 베니스의 법으로는 소송이 진행되는 걸 막을 근거가 없소.

P. 68 안토니오, 이 차용증서 내용이 사실이오?" 포샤가 물었다.

"그렇습니다." 안토니오가 대답했다.

"그럼 유대인 측에서 자비를 베풀어야겠군." 포샤가 제안했다.

"제가 그래야 할 이유라도 있나요? 말씀해보세요." 샤일록이 말했다.

"자비를 베푸는 것은 아름다운 일이기 때문이오." 포샤가 변론을 시작했다. "자비는 하늘에서 그 밑 땅으로 떨어지는 부드러운 비와 같은 것이오. 주는 사람에게도 축복이요, 받는 사람에게도 축복이니 이중의 축복이오. 위대한 것 중의 위대한 것이며, 왕관보다도 더 왕을 왕답게 하는 것이오. 자비는 신의 속성이기 때문이오. 정의가 자비로 인해 그 맛이 더해질 때 비로소 우리 인간의 힘이 신의 힘에 가까워지는 것이오. 그러니, 유대인 양반, 이 점을 기억하시오. 비록 우리 모두 정의를 구하고 있지만 정의만 가지고는 죽어서 구원받을 수 없소. 우리는 모두 자비를 베풀어 달라고 기도하오. 그런 기도를 통해 스스로도 자비를 베풀어야 한다는 걸 깨달아야 하오."

"될 대로 되라고 하시오!" 샤일록이 소리질렀다. "법대로 내 살점 1파운드를 달란 말이오."

"안토니오에게 지불 능력이 있는가?" 포샤가 물었다.

"그렇습니다. 제가 두 배의 액수를 법정에 가지고 왔고, 이 돈으로 부족하다면, 제 두 손, 머리, 심장을 담보로 해서라도 반드시 그 열 배를 지불하겠습니다." 밧사니오가 대답했다.

P. 69 "그것도 부족하다면 악의가 정의를 이기는 형국이 되지 않겠습니까? 그러니 제발 이번 한 번만 법을 굽혀서 이 악랄한 악마를 막아 주십시오."

"내게는 법을 바꿀 힘이 없소." 포샤가 말했다. "베니스 어디에도 법을 바꿀 수 있는 권력은 없소. 그랬다간 판례로 남아서 잘못된 판결들을 초래하는 결과를 낳을 것이오. 그렇게 돼서는 안 되오."

"과연 현명하신 사람이 내리는 판단이로다! 오, 현명하신 젊은 판사님, 정말 존경해 마지 않습니다!" 샤일록이 외쳤다.

"차용증서를 보여 주시오." 포샤의 말에 샤일록이 증서를 주었고 포샤는 증서를 읽었다. "여기 이 유대인은 법에 따라 심장에서 가까운 곳에서 이 상인의 살점 1파운드를 잘라 가질 수 있소." 포샤가 법정에 선언했다. 그리고는 조용히 덧붙였다. "자비를 베푸시오. 빌려준 돈의 세 배를 받고 내가 이 증서를 찢어 버리게 해 주시오."

"훌륭한 판사 같아 보이시는 분이 왜 이러십니까? 법도 많이 아시고 법 해

석도 지금까지 나무랄 데가 없으십니다.

P. 70 법대로 처리해 주시기 바랄 뿐입니다. 사람이 하는 어떤 말로도 제 결심을 바꿀 수는 없습니다. 증서대로 해 주십시오."

"제발 이제 그만 판결을 내려 주십시오." 안토니오가 말했다.

"할 수 없군요. 가슴에 칼을 받을 준비를 하시오." 포샤가 말했다.

"오, 고결하신 판사님! 오, 훌륭하신 젊은 분! 겉보기엔 그렇지 않는데 굉장히 성숙한 분이시군요!" 샤일록이 탄성을 내질렀다.

"법의 목적은 증서에 명시되어 있는 그대로 위약금을 부과하는 데 있소." 포샤가 말했다. "그러니, 안토니오, 가슴을 드러내시오."

"그래요. 가슴. 증서에 써 있는 대로 말씀이죠, 고결하신 판사님. 정확히 말하자면 '심장에 가장 가까운 곳'입지요." 샤일록이 토를 달았다.

"그렇소. 살점의 무게를 달아볼 저울은 준비되어 있소?" 포샤가 물었다.

"제가 다 대령해 놨습니다." 샤일록이 대답했다.

"의사를 대기시키시오, 샤일록. 당신에겐 안토니오가 피를 너무 흘려 목숨을 잃는 일이 없도록 할 책임이 있소."

"그런 말이 차용증서에 나와 있나요?" 샤일록이 물었다. "저는 못 찾겠는데요. 증서에 그런 말은 없습니다."

"여보시오, 상인 양반, 달리 할 말이라도 있소?" 포샤가 말했다.

P. 71 "특별히 없습니다." 안토니오는 이렇게 대답하고 친구를 향해 말했다. "난 준비돼 있네. 악수나 하세, 밧사니오. 잘 있게! 자네 때문에 이리 되었다고 슬퍼하지 말게나. 자네의 훌륭한 부인에게 내 사연을 전해 주게. 내가 어떻게 죽음을 맞이했는지 말해 주게. 내가 자네를 얼마나 사랑했는지 있는 그대로 전해 주게나. 이야기를 듣고 나면 자네 부인은 자네를 진심으로 아끼던 친구가 있었다는 걸 알게 될 걸세. 내가 죽는다고 괴로워하지 말게. 이 빚을 갚게 되어 난 진심으로 홀가분하다네."

"안토니오, 나는 목숨 그 자체보다도 더 소중한 아내를 얻었지." 밧사니오가 대답했다. "하지만 내게는 목숨 그 자체도, 내 아내도, 또 세상 전부라 할지라도 자네 목숨만큼 중하지는 않다네. 자네를 구할 수만 있다면 그 모든 것을 잃어도, 그래, 이 자리에서 그 모든 것을 이 악마에게 바친다 해도 아깝지 않네."

"당신이 그런 말하는 걸 당신 부인이 들으면 그다지 고마워하지 않을 거요." 포샤가 한마디 했다.

"제게도 사랑하는 아내가 있습니다." 그라시아노도 거들었다. "차라리 제 아내가 천국에 있었으면 좋겠습니다. 그러면 아내가 귀신의 힘을 빌어서라도 이 막돼먹은 유대인을 바꿔놓을 수 있지 않겠습니까?"

P. 72 "당신 부인이 없는 곳에서 아내가 죽었으면 하고 바란 걸 다행으로 아시오. 그런 소원은 집안을 발칵 뒤집어 놓을 수도 있어요." 네리사가 쏘아붙였다.

"기독교인 남편들이 하는 게 다 그렇죠, 뭐." 샤일록이 말했다. "저에게도 딸애가 하나 있습니다. 그 애가 기독교인과 결혼하는 걸 보니 바라바의 조상 중 한 명을 사위로 맞는 게 백 번 낫겠습니다!"

"이 상인의 살점 1파운드는 당신 것이오. 법정이 인정하고 법이 허락하는 바요." 포샤가 말했다.

"누구보다 공명정대한 판사님이시여!" 샤일록이 또다시 탄성을 내질렀다. 그는 다시 긴 칼을 갈기 시작했다. 그러더니 두고 보란 듯 안토니오를 노려보며 말했다. "자, 각오해라!"

"그리고 살점을 그의 가슴부위에서 잘라내야 하오. 잠깐 기다리시오. 더 일러둘 말이 있소. 이 증서는 단 한 방울의 피도 언급하고 있지 않소. 명백히 '살점 1파운드'라고만 쓰여 있소. 그러니 증서에 명시된 대로 살점을 잘라내시오. 하지만 잘라낼 때 기독교인의 피가 한 방울이라도 흐르면 당신의 땅과 재산은 베니스 법에 의거, 모두 몰수될 것이오." 포샤가 말했다.

"오, 멋진 판사님!" 이번엔 그라시아노가 외쳤다. "잘 봐라, 유대인, 학식이 대단하신 판사님이시다!"

"법이 그렇습니까?" 샤일록이 물었다.

"법 조항을 당신이 직접 보시오." 포샤가 말했다.

P. 74 "정의를 원한 건 당신이고, 당신이 원한 것보다 더 정확한 정의를 내려 주겠소."

"오, 학식이 높으신 판사님! 보라니까, 유대인, 학식이 뛰어난 판사님 아닌가 말이야!" 그라시아노가 또 외쳤다.

"그럼 먼저의 제안을 받아들이겠어요. 대금의 두 배를 내고 이 기독교인을 풀어 주시오." 샤일록이 말했다.

밧사니오가 그에게 돈을 주려고 움직였다.

"기다리시오!" 포샤가 외쳤다. "유대인에게 필요한 정의가 더 남아있단 말이오."

"오, 유대인아, 이렇게 심지가 굳은 판사님을 본 적 있나? 정말 많이 배우신 분일세!" 그라시아노가 외쳤다.

"증서내용대로 해야 하오." 포샤가 계속 진행했다. "그러니 살점을 잘라낼 준비를 하시오. 피가 흐르게 해서는 안 되며, 1파운드보다 더 적게도 많게도 잘라내면 안 되오. 만약 1파운드보다 적거나 많아지면, 머리카락 한 오라기만큼이라도 달라지면, 당신은 처형되고 당신 재산은 몰수될 것이오."

"원금을 돌려주면 난 가보겠소." 샤일록이 말했다.

"벌써 챙겨두고 있었지. 여기 있소." 밧사니오가 말했다.

"안 되오! 이 자는 이미 공개법정에서 그 조건을 거부했소. 이 사람이 받을 건 정의와 증서에 적힌 것뿐이오." 포샤가 말했다.

P. 75 "원금만이라도 받을 수 없을까요?" 샤일록이 말했다.

"당신은 살점밖에 받을 게 없소. 목숨을 내놓을 각오를 하고 가져갈 테면 가져가 보시오, 유대인." 포샤가 말했다.

"그럼, 그 돈을 갖든 말든 마음대로 하시오! 난 더 이상 여기 있지 않겠소." 샤일록은 이렇게 소리지르며 저울을 챙겨들고 떠나려 했다.

"잠깐만, 유대인." 포샤가 그를 제지했다. "당신에게 적용될 법 조항이 또 하나 있소. 베니스 법에 따르면, 직접적이거나 간접적인 방법으로 시민의 생명을 위협한 이교도에 대해서는, 그자의 재산의 반은 그자가 살해하려 했던 시민에게로 압류되고, 나머지 반은 국가가 몰수한다고 되어 있소. 그리고 죄인의 목숨은 대공의 손에 달려 있소. 그러니 무릎을 꿇고 대공 전하의 자비를 구하시오."

"스스로 목매달아 죽게 해달라고 빌어라. 목을 맬 밧줄 살 돈도 남아 있지 않을 테니 그 비용도 나라에서 내 줘야 할 것이 아니냐?" 그라시아노가 말했다.

"우리 기독교 정신이 너의 정신과 얼마나 다른가를 보여 주겠다." 대공이 말했다. "살려달라고 빌기도 전에 너의 목숨만은 살려 주겠다.

P. 76 네 재산의 반은 안토니오의 것이 되며, 나머지 반은 국고에 귀속될 것이다."

"아니오. 죽여 주시오." 샤일록이 말했다. "내 집을 지탱해 주던 재산을 빼앗아가면 집을 빼앗는 거나 마찬가지요. 그리고 살아갈 방도를 빼앗으면, 그게 바로 목숨을 빼앗는 것 아니겠소."

너그러운 안토니오가 입을 열었다. 그는 만약 샤일록이 죽을 때 재산을 딸과 사위에게 넘기겠다는 각서에 서명한다면, 샤일록의 재산 중 자신의 몫에 대한 권리를 포기하겠다고 했다. 안토니오는 유대인의 외동딸이 최근, 자신의 친구이기도 한 젊은 기독교인 로렌조와 결혼했고, 그 일로 샤일록이 노발대발해서 딸의 상속권을 박탈해 버렸다는 것을 알고 있었다.

"그렇게 하겠는가, 유대인? 어떻게 하겠는가?" 포샤가 물었다.

유대인은 그렇게 하겠다고 했다. 복수가 실패로 돌아갔을 뿐만 아니라 재산까지도 잃자 몹시 낙심한 그는 이렇게 말했다. "이제 가게 해 주시오. 나는 몸이 좋지 않소. 각서를 내 집으로 보내 주시면 서명하리다."

"물러가도 좋다. 하지만 각서에 반드시 서명해야 한다." 대공이 허락했다. "그리고 네가 잔인한 행동을 회개하고 기독교인이 된다면 나라에 몰수되는 나머지 절반의 재산도 돌려주겠다."

4장

P. 77 샤일록은 법정을 떠났고, 대공은 안토니오를 석방한 후 재판을 마무리 지었다. 이제 대공은 젊은 법관의 지혜를 치하하면서 궁으로 가서 함께 저녁을 들자고 권했다. 포샤는 남편보다 먼저 집에 돌아가 있을 생각이었기 때문에, "망극하옵니다, 전하. 하지만 저는 바로 떠나야 합니다."라며 사양했다. 대공은 젊은 법관이 함께 식사할 수 없다고 하자 안타까운 마음에 안토니오를 향해 말했다. "내 생각에는 그대가 이 신사에게 큰 빚을 진듯하니 후사해야 할 것이오."

대공이 법정을 떠나자 밧사니오가 포샤에게 말했다. "정말 훌륭하신 분입니다. 저와 제 친구가 귀하의 지혜 덕에 목숨을 구했습니다. 유대인에게 빌렸던 이 3천 더커트를 부디 받아 주십시오."

"은혜는 영원히 잊지 않겠습니다." 안토니오도 말했다.

P. 78 포샤는 돈을 받으려 하지 않았다. 그러자 밧사니오는 선물이라도 드리고 싶다고 했다. 포샤는 할 수 없이 밧사니오가 낀 장갑을 달라고 했는데, 밧사니오가 장갑을 벗자 자신이 그에게 주었던 반지가 보였다. 그러자 이 꾀 많은 숙녀는 그 반지를 그에게서 받아낸 다음, 집에서 남편을 다시 보게 되면 놀리고 싶은 생각이 들었다. 그녀는 이렇게 말했다. "감사의 표시로는 끼고 계신 반지를 받겠습니다."

밧사니오는 생각도 못한 요구에 당황하고 말았다. 그는 반지는 아내가 선물로 준 것이고 절대로 빼지 않겠다고 맹세했기 때문에 남에게 줄 수 있는 것이 아니라고 대답했다.

"어떤 값을 치르고라도 베니스에서 가장 값나가는 반지를 사드리겠습니다. 제발 이 반지를 달라는 말씀은 거두어 주십시오."

포샤는 기분이 상한 척하며 대답했다. "거지가 받는 대접이 뭔지 가르쳐 주시는 건가요?" 포샤는 네리사와 함께 자리를 떴다.

"여보게, 밧사니오, 반지를 드리게." 안토니오가 말했다. "저 분이 나를 위해서 해 주신 위대한 일에 대한 보상을 누리게 해 드리세. 그것 때문에 자네 부인 기분이 좀 상한들 어쩌겠나."

밧사니오는 배은망덕하게 보인 자신이 부끄러워져서, 반지를 빼서 그라시아노를 시켜 법관에게 가져다 주게 했다. 그라시아노가 오자, 포샤처럼 자신도 남편에게 반지를 주었던 '서기' 네리사도, 법정에서 포샤를 도와 고생한 대가로 반지를 달라고 요구했다.

P. 79 상전보다 관대함에서 뒤지고 싶지 않았던 그라시아노는 반지를 빼 주었다. 두 여인은 남편들이 집에 오면 반지가 없어진 것을 꼬투리 삼아 놀릴 생각을 하며 신나게 웃었다.

5장

남자들이 벨몬트에 도착했고, 밧사니오는 안토니오를 아내 포샤에게 소개했다. 축하와 환영의 인사가 채 끝나기도 전에 방의 한 구석에서 네리사가 그녀의 남편과 다투는 소리가 들렸다. "아니, 벌써 싸우는 거야?" 포샤가 물었다. "대체 무슨 일이야?"

그라시아노가 대답했다. "부인, 네리사가 저에게 주었던 하찮은 반지 때문입니다."

P. 80 네리사가 끼어들어 말했다. "목숨 끊어지는 날까지 끼고 있겠다고 맹세하더니 지금 하는 말이 법관의 서기에게 주었다지 뭐예요! 여자한테 주어놓고 거짓말하는 거 모를 줄 아나 봐요."

"맹세코 그 젊은이에게 주었어요." 그라시아노가 대답했다. "키도 당신 정도밖에 안 되는 앳된 청년이었소. 안토니오 님의 목숨을 구해 주신 법관 나리의 서기였다고요. 반지를 달라고 하는데 안 줄 수가 있어야지."

포샤가 말했다. "아내의 첫 선물을 그렇게 주어버리다니 당신이 잘못한 거예요, 그라시아노. 나도 내 남편 밧사니오 님에게 내 사랑과 정조를 담아 반지를 드렸는데, 영원히 빼지 않을 거라고 맹세하셨어요. 확신하건대, 밧사니오 님이라면 세상을 다 준다 해도 절대 빼지 않으셨을 거예요."

밧사니오가 낮은 목소리로 말했다. "차라리 내 왼손을 잘라버릴 걸 그랬네. 그러면 손이 없어지는 바람에 반지까지 날라갔다고 둘러댈 수나 있지!" 그리고 그는 반지가 사라진 손을 보여 주었다. 그는 반지를 줄 수밖에 없었던 특별한 이유를 설명하면서 자신도 반지 때문에 몹시 마음이 아프다고 했다. 포샤는 화를 내며 남편이 반지를 소중히 생각하지 않았다며 그가 둘러댄 이야기를 믿지 못하겠다고 말했다. 사실인즉슨 반지를 다른 여자에게 준 게 아니냐고 다그쳤다. 사랑하는 아내를 이토록 화나게 한 것이 속상한 밧사니오는 진심을 다해 이렇게 말했다.

"아니오. 내 명예를 걸고 말하는데 어떤 여자에게도 주지 않았소. 그 법관이 3천 더커트를 주겠다고 해도 싫다고 하면서 반지를 요구하지 뭐요. **P. 81** 내가 그건 좀 어렵겠다고 했더니 성을 내며 가버리는 거요. 달리 도리가 없지 않았겠소, 포샤? 너그러이 용서하시오, 부인. 당신도 그 자리에 있었더라면 당신이 오히려 나서서 그 훌륭한 법관계 반지를 드리라고 했을 거요."

안토니오가 끼어들어 포샤에게 말했다. "이런 다툼들이 일어나다니 가슴이 아픕니다. 내가 한때 밧사니오를 위해 내 몸을 담보로 내놓았고, 부군이 반지를 준 그 청년이 아니었다면 나는 지금쯤 죽은 목숨일 겁니다. 이번에는 내 영혼을 담보 삼아 다시 보증하는데, 다시는 부군이 신의를 저버리는 일이 없을 겁니다."

"그럼 보증을 서 주세요." 포샤가 말했다. "제 남편에게 이 반지를 드리고 지난번 것보다 더 잘 간직하라고 일러 주세요."

"이게 어찌된 일이야! 내가 법관에게 준 반지와 같은 반지잖아!" 밧사니오가 외쳤다.

"이제 더 놀랄 준비나 하세요." 포샤는 남자들에게 자신이 젊은 법관이 되고 네리사가 서기가 되었던 경위를 설명해 주었다. 아내의 고결한 용기와 지혜 덕분에 안토니오가 생명을 구할 수 있었다는 걸 알게 되자 밧사니오는 너무나 놀라 말도 나오지 않았다.

P. 82 그뿐만 아니라 포샤는 안토니오의 상선들의 근황이 담긴 편지도 가지고 있었다. 난파된 것으로 알려졌으나 무사히 베니스로 귀환해서 현재 항구에 무사히 정박해 있다는 내용이었다. 이렇게 해서 이 부유한 상인을 둘러싼 이야기의 초반에 있었던 비극적인 사건들은 뒤이어 벌어진 뜻밖의 행운으로 깨끗이 잊혀졌다.

"다정하신 숙녀분이여, 저에게 생명과 재산 모두를 돌려주셨군요." 안토니오가 말했다.

P. 83 어느덧 새벽이 밝아오고 있었다. 하지만 포샤는 밤을 새워가며 그들이 겪었던 재미있는 일들에 대해 계속 이야기하고 싶어했다. 모두가 환호하며 그러자고 했지만 이제나저제나 부인 네리사와 신혼방에 들고 싶어 조바심을 내던 그라시아노만이 떨떠름해했다. 하지만, 모두에게 찾아온 행운으로 다른 사람들 못지않게 신이 난 그는 이런 말을 덧붙였다.

"목숨 붙어있는 동안 다른 것은 두렵지 않지만,
네리사의 반지를 잘 간수할 수 있을지 그것이 걱정이로구나."

말괄량이 길들이기

등장인물

밥티스타 파두아의 신사
캐서리나(케이트) 말괄량이, 밥티스타의 딸
비앙카 밥티스타의 작은딸
페트루키오 베로나의 신사, 캐서리나의 남편
호텐시오 페트루키오의 친구
루센시오 비앙카의 남편
빈센시오 루센시오의 아버지
그루미오 페트루키오의 하인
재단사
잡화상

1장

P. 87 캐서리나는 파두아의 부유한 신사인 밥티스타의 맏딸이었다. 성격이 불 같고 성질이 고약한데다가, 입이 거칠기가 이루 말할 수 없어서 파두아에서 말괄량이 캐서리나하면 모르는 사람이 없었다. 이 아가씨와 결혼하겠다는 신사를 찾기는 쉬운 일이 아니었다. 거의 불가능에 가깝다고 봐야 했다. 상황이 이렇다 보니, 맏딸이 결혼하기 전에는 캐서리나의 얌전한 동생 비앙카도 결혼시키지 않겠다고 고집을 피우는 밥티스타는 두루두루 욕을 먹었다.

마침 이때, 페트루키오라고 하는 한 신사가 신붓감을 구할 목적으로 파두아에 왔다. 페트루키오의 친구인 호텐시오가 그와 만나 이야기를 나누었다.

"여보게, 친구, 무슨 바람이 불어서 베로나를 떠나 이곳 파두아까지 오게 되었나?"

페트루키오가 대답했다. "그야 젊은이들을 세계로 흩어지게 하는 바람을 타고 왔지. 새로운 일이 별로 없는 고향을 떠나 행운을 잡아보려고 이러는 거 아니겠나.

P. 88 지갑에는 돈이 있고 고향에는 재산이 있으니 세상구경이나 할까 해서 멀리 나온 거라네. 사실은, 호텐시오, 난 신붓감을 구해보려고 이 도시에 온 걸세. 이왕이면 지참금이 두둑한 아가씨로 말이야."

호텐시오는 마침 비앙카에게 구혼하고 있었는데, 언니 캐서리나가 결혼하기 전까지는 비앙카가 어떤 청혼도 수락할 수 없는 처지였기 때문에 호텐시오는 기회다 싶어 페트루키오에게 캐서리나 이야기를 들려 주었다. 캐서리나가 젊고 부유하고 아름답고 아직 약혼하지 않았다고 말하긴 했지만, 심술 사나운 말괄량이니 조심하라는 경고를 하지 않을 수가 없었다. 성질이 너무 고약해서 자기라면 황금노다지를 준다 해도 그런 여자와는 결혼하지 않을 거라고 했다. 페트루키오는 돈 많은 신붓감을 구하러 파두아까지 온 마당에 캐서리나가 얼마나 고약한지는 신경 쓰지 않는다고 대답했다. 비앙카의 또 다른 구혼자까지 대화에 끼어들어 그 여자는 살쾡이처럼 저주받은 존재라고 했다. 하지만 페트루키오는 이렇게 대꾸할 뿐이었다.

"나는 사자가 으르렁거리는 소리도 들었던 사람인데, 내 귀에 들리는 작은 소음 정도로 포기할 것 같소? 광풍으로 한껏 솟구치는 파도가 성난 멧돼지처럼 날뛰는 소리도 들었던 나요. 들판을 울리던 총소리와 함께 하늘을 찢어놓던 천둥소리도 들었던 나란 말요. 그런데 농부의 화로에서 군밤껍질 터지는 소리의 반만큼도 되지 않을 여인네의 혓바닥 놀리는 소리를 무서워하란 말이오? 쯧쯧!

P. 89 아이들이나 벌레쯤으로 겁을 주시죠."

이렇게 그는 그 유명한 성질 나쁜 여자와 결혼해서 그녀를 다소곳하고 말 잘 듣는 아내로 바꾸어 놓겠다고 결심했다. 사실 이 엄청난 과업을 페트루키오만큼 잘 해낼 사람도 따로 없었다. 그의 기백도 캐서리나 못지 않았기 때문이었다. 그는 재치 있고 쾌활한 해학가였고, 지혜와 판단력도 훌륭했다. 뿐만 아니라 연기도 아주 뛰어나서, 냉정한 마음을 유지하면서도 다혈질이고 사나운 성격을 꾸며낼 수 있었다.

2장

페트루키오는 말괄량이 캐서리나에게 청혼하러 갔다. 우선 그녀의 아버지 밥티스타에게 딸에게 구애하는 것을 허락해 달라고 청했다. 그가 노인에게 말했다. "귀하께 아름답고 덕성스런 캐서리나란 따님이 있으시다죠?"
P. 90 "이름이 캐서리나인 딸이 있긴 하오만." 밥티스타가 말했다.

"저는 베로나에서 왔습니다. 소문에 따님이 미인에다 위트 넘치고, 다정하고 겸손하시다고 들었습니다." 밥티스타는 두 손으로 손사래를 쳤지만 페트루키오는 말을 멈추지 않았다. "그렇게 훌륭한 품성과 조신한 행동거지로 소문이 자자한 아가씨와 결혼하고 싶은 마음 한량없습니다."

밥티스타 쪽에서도 딸을 결혼시키고 싶은 마음이 한량없었지만 캐서리나의 성격은 그와는 딴판이라고 고백하지 않을 수 없었다. 캐서리나의 진짜 성격이 어떤지는 곧 드러났다. 그녀의 음악선생이 방으로 뛰어들어 오더니, 캐서리나의 연주를 듣다가 결점을 지적했다는 이유로 그녀에게 류트로 머리가 부서져라 얻어맞았다고 하소연했기 때문이었다.

그 말을 들은 페트루키오가 말했다. "용감한 아가씨로군요. 제 사랑이 더 깊어졌습니다. 어서 가서 이야기를 나눠보고 싶어요." 그리고는 허락해 달라고 노인을 다그쳤다. "저는 바쁜 사람입니다, 밥티스타 씨, 날마다 청혼하러 올 수는 없습니다. 제 선친을 잘 아셨다니 말씀인데 작고하시면서 저에게 모든 토지와 재산을 남겨 주셨습니다. 이제 말씀해 주십시오. 제가 따님의 마음을 얻게 된다면 지참금은 얼마나 주시려는지요?"

P. 91 밥티스타는 그의 태도가 구애하러 온 사람치고는 좀 퉁명스럽다는 생각이 들었지만 캐서리나를 결혼시킬 수 있게 된 것이 기뻐서 지참금으로 2만 크라운을 주고 자신이 죽게 되면 영지의 반을 주겠다고 했다. 이렇게 해서 이 묘한 혼약은 순식간에 성사되었고, 밥티스타는 말괄량이 딸에게 페트루키오가 청혼하러 왔다는 말을 전하러 갔다.

기다리는 동안 페트루키오는 어떻게 캐서리나에게 구혼할지 궁리했다.

'그녀가 오면 열렬히 구애해야지. 나에게 언성을 높이면 나이팅게일처럼 달콤하게 노래한다고 말해 줘야지. 그리고 만약 인상을 찌푸리면, 아침이슬로 방금 목욕한 장미처럼 순수해 보인다고 하자. 입을 꾹 다물고 있으면 유창한 화술을 칭찬해 주고, 꺼지라고 하면 마치 일주일간 자신과 머물다 가라고 청한 것마냥 고맙다고 말해야지.'

이윽고 캐서리나가 거만을 떨며 들어왔고 페트루키오가 말했다. "안녕하시오, 케이트. 당신 이름이 케이트 맞지요?"

캐서리나는 격식을 갖추지 않은 그의 이런 인사가 마음에 들지 않았고, 경멸하듯이 이렇게 대답했다. "나에게 말을 거는 사람들은 모두 나를 캐서리나라고 불러요."

P. 92 "거짓말." 페트루키오가 대꾸했다. "그냥 케이트라고 불리면서 뭘. 쾌활한 케이트, 때로는 말괄량이 케이트라고 말이오. 하지만 당신은 기독교 세상을 통틀어 가장 예쁜 케이트요. 그래서 말이요, 케이트, 고을마다 당신의 덕성스러움에 대한 칭송이 드높고 당신의 아름다움에 대한 소문이 자자하길래 내 아내가 되어 주십사 청혼하러 이렇게 발걸음을 옮겼다오."

"옮겼다고요!" 케이트가 비웃었다. "그럼, 당신을 여기로 옮겨온 인간한테 당장 당신을 여기서 치우라고 해 줘요. 당신이 이동가구인 것을 내가 첫눈에 알아봤지."

"이런, 이동가구가 뭐요?"

"팔걸이 없는 의자."

"당신 말이 옳소. 이리 와서 내게 걸터앉으시구려."

"당나귀나 깔고 앉지, 당신도 그렇군."

"깔고 앉아야 할 건 여자들이지, 당신도 그렇군."

"적어도 나는 당신처럼 지쳐 빠진 늙은 당나귀는 아니야."

"이리 와요, 이리 와. 당신은 말벌 같군. 솔직히 말하는데 당신은 너무 윙윙거려."

"내가 말벌이라면 내 독침을 조심해요."

"내 방법은 그 침을 뽑아버리는 거지."

"흥, 당신 같은 바보가 침이 어디 있는지 알기나 할까?"

"말벌이 어디에 침을 숨기고 있는지 모르는 사람도 있나. 당연히 꽁무니에 있지."

P. 93 "혀에 있어요."

"누구 혀 말이오?"

"쓸데없는 말이나 지껄여대는 당신 혀지 누구 혀야. 이제 꺼져요."

"뭐라고! 내 혀가 당신 꽁무니에?" 페트루키오는 이렇게 말하며 그녀를 끌어안았다. "이러지 마시오, 정숙한 케이트, 나는 점잖은 신사란 말이오."

"한번 시험해볼까?" 케이트는 그를 한 대 후려갈겼다.

"또 나를 치면 나도 당신을 때리겠소, 맹세하리다."

"당신이 나를 쳤다간 두 팔을 못 쓰게 될 줄 알아요. 당신은 신사도 아니야. 신사도 아닌데 휘장(이때 arms는 '두 팔'과 '가문의 휘장'의 뜻이 중의적으로 쓰임)은 있어서 뭐 해. 머리에 난 그 잘난 볏도 없어지겠군. 그 닭볏 모양의 모자 말이야."

"볏 없는 닭이라. 그럼 케이트는 내 암탉이 되겠군."

"수탉 좋아하시네. 당신은 꼬꼬댁꼬꼬댁 울어대는 겁쟁이야."

케이트의 손에 키스하며 페트루키오가 말했다. "이리 와요, 케이트, 그렇게 심술부리지 말아요."

케이트는 몸을 획 빼며 말했다. "보기 싫으면 꺼지면 되잖아요."

P. 94 "아니, 절대 그런 건 아니오." 페트루키오는 케이트를 다시 붙잡았고, 깨물고 할퀴려고 몸부림치는 그녀에게 다정하게 말을 이었다. "이제 보니 정말 상냥하군. 당신이 거칠고 퉁명스럽다고 들었는데 그건 사실이 아니오. 말솜씨로 치자면 기분 좋고 쾌활한 데다 예의 바르고 친절하고, 외모로 보면 봄꽃처럼 아름답기 그지없소."

그는 케이트를 놓아 주고 상냥하게 말을 이었다. "당신은 찡그리거나 의심하는 눈으로 볼 줄도 모르고, 화난 계집아이들처럼 입술을 깨물 줄도 몰라. 앙칼지게 구는 걸 즐기지도 않지. 온화한 성격과 상냥한 말투로 구혼자들을 잘 대접하고 말이야. 오, 남의 험담만 하는 세상 같으니라고! 다정한 캐서리나, 이런 중언부언 그만두고 단도직입적으로 말합시다. 당신 아버지께 이미 결혼승낙을 받았소. 그리고 당신 지참금에 대해서도 합의를 봤소. 당신이 원하든 원하지 않든 난 당신과 결혼할 거요. 이제 케이트, 내가 당신의 아름다움을 발견하고 그 모습에 당신을 이렇게 좋아하게 되었으니 나야

말로 당신의 천생배필 아니겠소. 당신은 나 아닌 다른 사람과는 결혼할 수 없어요. 난 당신을 길들이기 위해 태어난 존재거든, 케이트. 당신을 살쾡이 같은 케이트에서 여염집 고양이처럼 양순한 케이트로 길들일 거요. 마침 아버님께서 오시니 거절할 생각일랑 마시오. 난 당신을 반드시 내 아내로 맞이하고야 말 테니까."

밥티스타가 다시 돌아와 말했다. "자, 페트루키오 씨, 딸애와는 얘기가 잘 되었습니까?"

P. 95 "그럼요, 물론이죠. 잘 되지 않을 이유가 있겠습니까?" 페트루키오가 대답했다.

"아니, 왜 그러니, 내 딸 캐서리나, 화라도 난 게냐?" 아버지가 딸에게 물었다.

"제가 딸이라고는 생각하세요? 어떤 아버지가 자신의 딸을 상스런 소리나 하는 미치광이 건달과 결혼시키겠어요?"

"아버님, 사실은 이렇습니다." 페트루키오가 끼어들어 말했다. "아버님뿐만 아니라 세상사람들 모두 따님에 대해 허튼소리를 하고 있었습니다. 따님은 시비를 걸지도 않고 비둘기처럼 유순합니다. 성을 내는 법도 없고 아침해처럼 부드럽습니다. 참을성과 지조가 있지요. 우리 서로 마음이 어찌나 잘 맞던지, 당장 일요일에 결혼식을 올리기로 결정했습니다."

"차라리 일요일에 당신이 목매달아 죽는 꼴을 보는 게 낫지." 캐서리나가 말했다.

"따님과 저는 서로에게 아주 만족했습니다." 페트루키오가 다시 말을 가로챘다. "아까 저희 둘만 있었을 때 약속하기를, 남이 있는 자리에서는 저를 욕하는 척하기로 했거든요.

P. 96 정말이지, 따님께서 저를 이렇게 사랑해 주시다니 믿어지지가 않습니다. 오! 세상에서 가장 다정한 케이트! 제 목에 매달리더니 곧 키스가 이어지고 언약이 꼬리에 꼬리를 물었습니다. 그래서 저도 따님께 마음을 빼앗겨 버렸습니다." 그러더니 그는 케이트의 손을 낚아채서 쥐고 말했다. "케이트, 나는 결혼식에 입을 옷을 사러 베니스로 가리다. 아버님, 연회를 준비하시고 손님들을 불러 주십시오. 그날 캐서리나를 아름다운 신부로 만들어 드리겠다고 약속드립니다."

"무슨 말을 어떻게 해야 할지 모르겠군." 밥티스타가 말했다. "자네 손을 내게 주게. 신의 축복으로 자네에게 행복이 가득하기를 바라네, 페트루키오! 결혼은 성사되었네."

"아버님, 부인, 그리고 여러분, 안녕히 계시오." 페트루키오가 작별을 고하며 말했다. "나는 혼수를 사러 베니스로 가오. 반지며 물건이며 화려한 의복을 살 거요. 키스해 줘요, 캐서리나. 우리는 일요일에 결혼하는 거요." 떠나기에 앞서 그는 다시 한 번 케이트를 꽉 끌어안고 키스했다. 케이트는 그를 뿌리치고 방에서 뛰어나가 버렸다.

3장

P. 97 일요일에 결혼식 하객이 모였다. 그런데 한참을 기다려도 페트루키오는 나타나지 않았다. 캐서리나는 페트루키오가 자신을 놀림감으로 삼았다며 엉엉 울었다. 하지만 결국 페트루키오가 나타났다. 그런데 캐서리나에게 약속한 혼수는 하나도 가져오지 않았을 뿐만 아니라, 그의 모습도 전혀 신랑의 옷차림이 아니었다. 그는 괴상망측하고 지저분한 옷을 걸치고 있었는데 마치 의도적으로 신성한 결혼식을 조롱하는 듯한 차림새였다. 그의 하인인 그루미오도 마찬가지로 요상하게 차려입고 있었고 두 사람이 타고 온 말도 늙고 병든 몰골이었다.

아무리 설득을 해도 페트루키오는 옷을 갈아입으려 하지 않았다. 그는 캐서리나는 자신과 결혼하는 것이지 자신의 옷과 결혼하는 것이 아니라고 말했다. 더 이야기해봤자 소용없다는 것을 알고 사람들은 교회로 향했다. 하지만 그는 교회에서도 이상한 행동을 멈추지 않았다.

P. 98 신부님이 페트루키오에게 캐서리나를 아내로 맞이하겠냐고 물었을 때 당연하다며 하도 큰 소리로 대답하는 바람에 놀란 신부님이 성서를 떨어뜨렸다. 그리고 신부님이 성서를 주우려고 몸을 굽혔을 때 이 신랑이라는 미친 작자가 앞뒤 가리지 않고 후려치는 바람에 신부님이 완전히 나가떨어져 다시 책을 떨어뜨리고 말았다. 예식이 진행되는 내내 페트루키오가 발을 쾅쾅 구르고 욕지거리를 해대는 통에 대가 세기로 유명한 캐서리나도 무

서워 벌벌 떨었다.

결혼식이 끝나고 사람들이 아직 교회 안에 있을 때 페트루키오는 포도주를 달라고 소리치더니 하객들을 향해 요란하게 축배를 들었다. 그러더니 잔 밑에 있던 빵 찌꺼기를 교회지기의 얼굴에 홱 뿌렸다. 그런 괴상한 행동의 이유인즉슨 교회지기의 수염이 너무 성글어 물을 주어야겠다고 생각했다는 것이다. 그 다음에는 신부의 목을 움켜잡고 어찌나 요란한 소리로 입맞춤을 하는지 교회 안이 키스소리로 진동했다. 결혼식은 엉망진창이 되었다. 하지만 페트루키오는 자신의 말괄량이 아내를 길들이기 위한 작전으로 일부러 미치광이처럼 굴었던 것이다.

밥티스타는 결혼식 피로연을 성대히 준비했다. 하지만 교회에서 돌아오자 페트루키오는 캐서리나를 붙잡더니 당장 아내를 데리고 고향집으로 돌아가겠다고 선언했다. 장인이 아무리 말려도, 격분한 캐서리나가 아무리 험한 말을 퍼부어도, 그의 마음을 돌릴 수는 없었다.

P. 100 그가 말을 대령하라고 하자 캐서리나는 가기를 거부하며 이렇게 말했다. "못 가요. 당신이나 원하는 대로 해요. 나는 오늘 안 가요. 내일도 안 가요. 가고 싶은 마음이 생기기 전엔 못 가요. 문도 열려 있겠다, 길도 앞에 보이겠다, 갈려면 당신이나 마음 내킬 때 냉큼 가버려요. 나는 내가 가고 싶을 때 가겠어요."

"오, 케이트! 진정해요, 제발 화내지 말구려." 페트루키오가 말했다.

"화 낼 거예요." 캐서리나가 말했다. "아버지는 아무 말 마세요. 이 사람은 내가 떠날 준비가 될 때까지 기다려야 할 걸요. 여러분, 모두 피로연장으로 가세요. 여자란 저항의 의지가 여간하지 않고서는 바보로 취급당하기 십상이네요."

"케이트, 당신의 명령인데, 누가 피로연장으로 가지 않겠소." 페트루키오가 그 말을 받았다. "신부가 시키는 대로 하시오. 피로연에 가서 마시고 축하하고, 신이 나서 미쳐버리든, 목매달고 죽어버리든 마음대로 하시오. 하지만 내 케이트는 내가 데리고 가야겠소." 그는 마치 그곳에 있는 사람들로부터 캐서리나를 보호하기라도 하듯이 그녀의 허리를 끌어안았다. "아니, 발을 구르고 노려보고 불평해봤자 소용없소. 내 소유물에게는 내가 주인이오. 이 여자는 내 소유물이고 내 가재도구요. 내 집이고, 내 살림이고 내 땅이란 말이오. 내 헛간이요, 내 말이요, 내 소요, 내 당나귀요. 어쨌거나 내 것이란 말요. 누구라도 감히 이 여자에게 손을 대기라도 하면 내 가만있지 않겠소.

P. 101 그루미오, 칼을 빼라. 도적떼에게 에워싸였으니 내 아내를 보호해야겠다. 두려워 마시오, 상냥한 부인, 저들은 당신을 건드리지 못할 거요, 케이트. 백만대군이 몰려온다 해도 당신을 지켜 주겠소." 그러더니 그는 캐서리나를 끌고 나갔다. 그루미오는 두 사람이 나가는 걸 엄호하면서 따라 나왔다.

페트루키오는 아내를 마르고 병들어 비실거리는 말에 태웠다. 그가 이 작전을 위해 특별히 고른 말이었다. 그들은 험하고 거친 길만 골라 여행길에 올랐다. 캐서리나가 탄 말이 비틀거릴 때마다 페트루키오는 제대로 걷지도 못하는 그 가엾은 짐승에게 불같이 호통을 치며 욕설을 퍼부었다. 세상에서 그보다 더 다혈질인 남자는 없다고 여겨질 정도였다.

4장

힘든 여정이 겨우 끝나고 페트루키오의 집에 도착했다. 여행 내내 캐서리나가 들은 소리라고는 그가 하인과 말들에게 퍼부어댄 사납고 정신 나간 소리밖에 없었다.

P. 102 캐서리나를 그녀의 새 보금자리로 다정히 맞아들이기는 했지만 페트루키오는 그녀가 그날 밤 쉬지도 먹지도 못하게 하기로 작정했다. 식탁이 준비되고 저녁이 차려지자 페트루키오는 음식마다 흠을 잡으며 고기를 바닥에 던졌다. 그는 하인에게 음식을 내가라고 명령했다. 말로는 자신이 그러는 것이 모두 캐서리나에 대한 사랑 때문이라고 했다. 그녀가 제대로 요리되지도 않은 고기를 먹는 것을 참을 수 없다는 것이었다.

녹초가 된 캐서리나가 고픈 배를 쥐고 잠자리에 들자 페트루키오는 이번에는 침대를 가지고 트집을 잡았다. 그가 베개와 이불을 사방으로 던지는 바람에 캐서리나는 의자에 앉아 있을 수밖에 없었다. 잠이 들려고 할 때마다 신혼 잠자리를 제대로 꾸며놓지 못했다며 남편이 하인들에게 불벼락을 내리는 요란한 소리에 번번히 깼다.

다음날도 페트루키오의 행동은 변하지 않았다. 캐서리나에게는 다정한 말투로 대했지만 그녀가 먹으려고만 하면 그녀 앞에 차려진 것마다 흠을 잡으며 전날 저녁 때 그랬던 것처럼 아침식사를 바닥에 내동댕이쳤다. 자존심으로 둘째가라면 서러운 캐서리나도 하인들에게 몰래 음식을 가져다 달라고 사정하지 않을 수가 없었다.

P. 103 하지만 하인들은 페트루키오가 시킨 대로, 주인어른이 무서워서 아무것도 몰래 가져다 드릴 수는 없다고 대답했다.

캐서리나는 이렇게 혼잣말 할 따름이었다. '아, 굶겨 죽이려고 나와 결혼했나 보다. 거지들도 우리 아버지 집에 오면 음식을 얻어 먹어. 그런데 그 어떤 것도 아쉬운 게 없던 내가 밥을 못 먹어 굶주리고, 잠을 못 자 어지러운 데다, 욕지거리에 잠이 깨는 것도 모자라 싸움질하는 소리만 잔뜩 듣는구나. 그 중에서도 가장 미치게 만드는 건 이러는 것이 모두 나를 끔찍이 사랑하기 때문이라는 거지. 잠을 자거나 먹기라도 하면 마치 내가 죽기라도 할 듯이 말이야.'

페트루키오는 결국 캐서리나에게 고기를 조금 가져다 주었다. "사랑스런 케이트, 좀 어떠시오? 여기 봐요, 내 사랑, 내가 얼마나 부지런한 사람인지. 당신 주려고 내가 손수 고기를 구웠다오. 이만한 정성이면 감사의 말을 들을 만도 한데. 아니, 이런 아무 말도 없잖소? 당신이 고기를 원치 않으니 내 노력도 헛수고가 됐군." 그는 하인을 시켜 고기접시를 치우라고 했다.

P. 104 더 이상 배고픔을 참을 수 없게 된 캐서리나는 자존심을 접고 이렇게 말할 수밖에 없었다. "제발, 그냥 놔두세요."

페트루키오가 대답했다. "아무리 형편없는 서비스라도 감사를 받기 마련이오. 그러니 당신이 그 고기에 손대기 전에 고맙다는 말을 들어야겠소."

캐서리나는 마지못해 "고마워요."라고 말했다.

그제서야 그는 얼마 되지도 않는 음식을 먹도록 허락해 주며 말했다. "이 음식이 당신의 온유한 마음에 좋은 양식이 되길 바라오. 케이트, 어서 들어요! 그런 다음, 내 달콤한 사랑, 함께 당신 아버님 댁으로 돌아가서 즐겨봅시다. 비단 코트와 모자를 걸치고 금반지를 끼고, 러프와 목도리와 부채도 갖추고, 갈아입을 옷도 여러 벌 챙겨서 말이오." 그리고 자신이 그녀에게 그런 물건들을 줄 마음이 진짜로 있다는 것을 증명하기라도 하듯 그는 재단사와 잡화상을 불러 들였다. 그들은 그가 미리 주문해 두었던 물건들을 가지고 들어왔다. 페트루키오는 캐서리나가 미처 다 먹지도 않은 접시를 하인에게 주며 치우라고 했다.

잡화상이 모자를 보여 주며 말했다. "여기 주문하신 모자가 있습니다, 나리." 페트루키오는 모자가 볼품없는 국사발 같다며 고함을 치기 시작했다. 그리고 잡화상에게 모자를 다시 가져가서 더 크게 만들어 오라고 했다.

캐서리나가 말을 꺼냈다. "난 마음에 들어요. 요새는 귀족 여자들이 모두 이런 모자를 써요."

P. 105 "당신이 얌전해지면 가질 수 있소. 그 전에는 안 돼요." 페트루키오가 대꾸했다.

기분이 축 처져 있다가 그나마 먹은 고기 덕분에 다시 힘이 난 캐서리나가 지지 않고 말했다. "이봐요, 나도 말할 자격이 있다고 생각해요. 그러니 할 말은 하겠어요. 나는 어린애도 아니고 젖먹이도 아니에요. 당신보다 잘난 사람들도 내 말을 경청하고 의견이 있으면 말하게 해 줬다고요. 그러니 당신이 그렇게 하지 못하겠거든 귀를 막든지 해요."

페트루키오는 그녀의 성난 언사를 무시했다. 이제는 다행히도, 말다툼을 벌이는 것보다 더 효과적으로 자신의 아내를 다루는 방법을 알게 되었기 때문이었다. 그래서 이런 대답을 했다. "당신 말이 옳소. 아무짝에도 쓸모없는 모자요. 그걸 싫다고 하니 당신이 더욱 사랑스럽구려."

"사랑스럽거나 말거나 나는 그 모자가 좋다고요. 그리고 그 모자 아니면 다른 어떤 모자도 싫어요."

"지금 옷도 보고 싶다고 했소?" 계속 캐서리나의 말을 못 알아듣는 척하며 페트루키오가 말했다. 그러자 이번에는 재단사가 앞으로 나와 그녀를 위해 만들어 온 근사한 드레스를 펼쳐 보였다. 캐서리나에게 모자든 옷이든 갖게 해줄 마음이 없는 페트루키오는 모자와 마찬가지로 그 드레스도 흠을 잡았다.

P. 106 "오, 하느님 맙소사!" 그가 외쳤다. "뭐 이런 게 다 있어! 이런 것도 소매라고 부르시오? 꼭 사과파이처럼 위아래를 왔다갔다하며 자른 대포같이 생겼네."

재단사가 말했다. "최신 유행에 따라 만들라고 말씀하셔서요." 캐서리나도 이보다 더 멋진 드레스는 보지 못했다고 했다. 페트루키오는 재단사와 잡화상을 몰래 따로 불러 물건값을 지불하고 이상한 대우에 대해 미리 양해를 구해놓았던 것이다. 이어서 그는 사납게 욕하고 미친 듯이 날뛰면서 두 사람을 방에서 쫓아냈다.

페트루키오는 캐서리나 쪽으로 몸을 돌리며 말했다. "이리 와요, 나의 케이트, 지금 입은 이런 초라한 옷으로라도 아버님 댁에 갑시다." 그는 말을 준비하라고 하면서 지금 아침 7시밖에 되지 않았으니 점심정찬을 들 때쯤에는 장인 밥티스타의 집에 도착할 수 있을 거라고 했다. 사실, 그때는 이른 아침이 아니라 한낮이었다. 이제 그의 광포한 행동에 압도된 캐서리나는 조심스러운 태도로 말했다. "감히 말하는데, 여보, 지금은 오후 2시예요. 저녁 식사 시간이 지나서야 도착할 걸요."

페트루키오는 캐서리나를 친정아버지에게 다시 데려가기 전에 자신이 무슨 말을 하든 옳다고 할 정도로 완전히 기를 꺾어 놓을 작정이었다.

P. 107 그래서 자신이 마치 태양의 신이라도 되어서 시간을 마음대로 호령할 수 있는 것마냥, 자신이 어떤 시각이라고 하면 그게 그 시각인 거라고 우겼다. "내가 하는 말이나 행동마다 당신이 사사건건 반대하고 나서니, 나는 오늘 가지 않겠소. 그리고 내가 갈 때는, 내가 원하는 시각이 그 시각이오." 따라서 캐서리나는 전에는 상상도 못했을 순종하는 연습을 하며 하루를 더 보내야 했다.

무슨 말을 하든 그의 말에 토를 달지 않을 만큼 캐서리나가 순종적으로 바뀌고 나서야 페트루키오는 그녀가 친정에 가는 것을 허락했다. 심지어 친정으로 가던 도중에도 캐서리나는 다시 되돌아갈 위험에 처했다. 정오가 되었을 때 페트루키오가 달이 환하게 내리쬔다고 하자 그녀가 저것은 달이 아니라 태양이라고 지적했기 때문이었다. "달이든 별이든 무엇이나 내가 그렇다고 하면 그런 거요." 그는 이렇게 말하더니 다시 되돌아갈 태세였다. 하지만 더 이상은 말괄량이 캐서리나가 아니라 순종적인 아내로 변해버린 캐서리나가 말했다.

"제발 그냥 가던 대로 가요. 이미 이렇게 멀리까지 왔잖아요.
P. 108 그리고 저것이 태양이든, 달이든, 뭐가 됐든지 당신이 그렇다고 하

면 그런 거예요. 그리고 당신께서 저것을 양초라고 부르신다면 맹세컨대 저에게도 양초예요."

캐서리나의 말이 진심인지 확인하기 위해 페트루키오가 말했다. "저건 달이군."

"맞아요, 달이에요." 캐서리나가 대답했다.

"거짓말 마시오. 저것은 태양이잖소."

"그럼 태양 맞아요. 하지만 당신이 아니라고 하시면 태양이 아니에요. 당신이 저걸 어떤 이름으로 부르든 그것이 맞는 거예요. 그리고 캐서리나에게도 언제나 그렇고요."

그제야 그는 가던 길을 계속 갈 수 있도록 허락했다. 하지만 다시 한 번 그녀를 시험하기 위해서, 길에서 만난 어떤 나이 많은 신사에게 말을 걸었는데, 마치 그 신사가 젊은 여자라도 되는 것처럼 굴었다. "안녕하시오, 다정한 아가씨."라며 노인에게 인사하더니 캐서리나에게 이보다 더 아름다운 여인을 본 적이 있느냐고 물었다. 그는 노인의 하얀 뺨에 물든 홍조에 감탄하고 노인의 눈을 반짝이는 별들에 비유했다. 그리고 다시 그 노인에게 인사를 건넸다. "아름답고 사랑스런 아가씨, 즐거운 하루가 되시기를 빌겠소!" 그리고 자신의 아내에게는 이렇게 말했다. "다정한 케이트, 이 아가씨의 아름다움을 봐서라도 한 번 안아드리구려."

이제 완전히 두 손 두 발 다 든 캐서리나는 재빨리 남편의 의견을 좇아 노신사에게 이렇게 말했다. "피어나는 꽃 같은 아가씨, 정말 아름답고 생생하고 사랑스럽군요.

P. 110 어디로 가시나요? 댁은 어디신가요? 당신처럼 예쁜 자식을 둔 부모님은 얼마나 행복할까요!"

"아니, 케이트, 당신 미친 거 아니오?" 페트루키오가 말했다. "이분은 남자요. 늙고 주름지고 시들고 말라버린 노인이잖소. 당신이 말하는 젊은 아가씨가 아니란 말요."

"죄송해요, 할아버지." 캐서리나가 재빨리 말했다. "해가 너무 눈부셔서 눈에 보이는 모든 것이 파릇파릇해 보였답니다. 이제 보니 현명하신 노신사시군요. 제가 바보같이 착각한 것을 용서해 주시기 바래요."

"인자하신 할아버지, 어느 쪽으로 여행하시는 중이신지 말씀해 주십시오.

저희와 방향이 같으시다면 기꺼이 동행이 되어 드리겠습니다." 페트루키오 가 말했다.

노신사가 대답했다. "친절하신 신사 양반, 당신과 당신의 쾌활한 부인 덕분에 즐거웠소. 내 이름은 빈센시오이며 파두아에 사는 아들을 보러 가는 중이오."

노인에게 아들 이름을 물어본 페트루키오는 그가 루센시오라는 젊은이의 부친이라는 것을 알게 되었다. 최근에 처제 비앙카가 루센시오라는 젊은이의 구혼을 받아들였다는 소식을 들었던 페트루키오는 노인에게 그의 아들이 부잣집 사위가 될 것이라는 반가운 소식을 전해 주었다.

5장

P. 111 그들 모두 즐거운 여행 끝에 밥티스타의 집에 도착했다. 비앙카와 루센시오의 결혼을 축하하기 위해 많은 사람들이 모여 있었다. 골치를 썩이던 캐서리나를 결혼시킨 후 밥티스타는 비앙카의 결혼에 흔쾌히 찬성했던 것이다. 그들이 들어서자 밥티스타는 환영하며 결혼 피로연에 맞아들였다.

비앙카의 남편 루센시오와, 비앙카에게 거절당하고 어떤 과부와 결혼한 호텐시오는 페트루키오의 말괄량이 아내를 두고 농담을 하지 않고는 배길 수가 없었다. 이들 행복한 새신랑들은 자신들이 선택한 여인들의 온화한 성품에 크게 기뻐하는 듯했고, 자신들보다 못한 상대를 고른 페트루키오를 놀려댔다.

P. 112 페트루키오는 이들의 농담에 개의치 않았다. 식사가 끝나고 여인들이 물러가고 장인 밥티스타까지 가세하여 그를 놀려대기 시작했다. 그러자 페트루키오는 자신의 아내가 그들의 아내보다 더 순종적인 여자로 밝혀질 거라고 장담했다. 이 말을 듣고 캐서리나의 아버지조차도 이렇게 말했다. "여보게, 사위 페트루키오, 미안하게 됐네만 내 생각에도 자네가 가장 사나운 아내를 만난 듯하이."

페트루키오가 대꾸했다. "글쎄요, 제 생각은 다른데요. 제 말이 옳다는 걸 증명할 겸, 각자 자신의 아내를 불러내기로 합시다. 그리고 아내가 순종적으로 가장 먼저 달려오는 사람이 내기에서 이기는 걸로 하죠."

다른 두 남편들은 이 제안에 흔쾌히 동의했다. 그들의 순한 아내들이 고집불통 캐서리나보다는 더 순종적일 것으로 확신했기 때문이었다. 그들은 내깃돈으로 20크라운을 걸었다. 하지만 페트루키오는 매나 사냥개에게라도 그 정도 돈은 걸겠다며 아내를 두고는 그것의 스무 배는 걸어야 하지 않겠냐고 호기 있게 말했다. 루센시오와 호텐시오는 내기 돈을 100크라운으로 올렸다.

루센시오가 먼저 하인을 시켜 아내 비앙카에게 와달라고 했다. 하지만 하인이 돌아와서 이렇게 말했다. "나리, 마님께서는 바빠서 오실 수가 없다는 전갈을 보내셨습니다."

이 말을 들은 페트루키오가 면박을 주었다. "어떻게 바빠서 올 수가 없다고 할 수 있지?

P. 113 그게 아내로서 할 대답인가?" 그러자 남자들은 캐서리나가 더 고약한 대답을 보내지 않으면 다행인 줄 알라며 그를 비웃었다. 이제 호텐시오가 아내를 부를 차례가 되었다. 그는 하인에게 "가서 내 아내에게 이리로 와달라는 청을 넣어라." 라고 말했다.

"오호! 청을 넣으신다!" 페트루키오가 말했다. "청까지 하는데 오지 않고는 못 배기겠군."

호텐시오가 말했다. "미안하지만 친구, 자네 부인은 간청을 해도 오지 않을걸." 하지만 하인이 자신의 부인 없이 혼자 돌아오자 그는 놀란 표정이 되었다. 호텐시오가 하인에게 "내 아내는 어디 있느냐?" 고 물었다.

"나리, 마님께서는 오시지 않겠답니다. 나리께서 오시랍니다."

"갈수록 태산이군!" 페트루키오가 이렇게 말하며 하인을 보냈다. "마님께 가서 내가 오라고 명했다고 전해라."

사람들이 페트루키오의 명령하는 투에 뭐라 토를 달 겨를도 없이 밥티스타가 놀라서 외쳤다. "저기 캐서리나가 오잖아!"

P. 114 캐서리나는 방에 들어와 페트루키오에게 다소곳이 물었다. "무슨 일로 부르셨어요?"

"처제와 호텐시오의 부인은 어디 있소?" 페트루키오가 말했다.

캐서리나가 대답했다. "거실 난롯가에 앉아 이야기 나누고 있어요."

"가서 그들을 데려오시오!" 페트루키오가 명령했다. 그러자 캐서리나는 군말 없이 즉시 남편의 명을 받들기 위해 나갔다.

"이게 웬 일이야?" 루센시오가 말했다.

"내 말이 그 말이오. 이게 무슨 조화인지 모르겠군." 호텐시오가 말했다.

"평안을 보여 주는 거지요. 그리고 사랑과 평화로운 삶, 올바른 주도권을 보여 주는 거요. 간단히 말해서, 달콤한 행복이 뭔지 보여 주는 거라고나 할까?" 페트루키오가 말했다.

"나의 사위 페트루키오!" 밥티스타가 외쳤다. "자네가 내기에서 이겼네. 내가 거기다 지참금으로 2만 크라운을 더 보태 주겠네. 마치 또 다른 딸을 결혼시키는 것처럼 말일세. 딸애가 저렇게 새사람이 되었으니 그래야지."

페트루키오가 말했다. "기다려 보세요. 내기에서 이기려면 확실하게 이겨야죠. 아내가 새로 배운 순종의 미덕을 아직 다 보여드리지 못했어요." 캐서리나가 두 명의 부인들과 방에 들어섰고 그는 하던 말을 이었다. "자, 저기 오는 걸 보세요. 제 아내가 두 분의 반항적인 아내들을 후덕한 설득으로 굴복시켜 포로처럼 끌고 왔군요.

P. 115 캐서리나, 그 모자는 당신에게 어울리지 않는군. 벗어서 던져 버려요." 캐서리나는 지체 없이 모자를 벗어 바닥에 내동댕이쳤다.

"맙소사! 나라면 이런 멍청한 짓은 절대 하지 않을 거야!" 호텐시오의 아내가 외쳤다.

"이런 바보짓이 대체 무슨 아내의 도리라는 거지요?" 비앙카도 거들었다.

비앙카의 남편이 말했다. "당신의 도리도 이렇게 바보 같았으면 좋겠군그래! 사랑스런 비앙카, 똑똑한 당신이 생각하는 도리 덕분에 나는 100크라운을 날렸단 말이오."

"저의 도리를 걸고 내기를 하는 당신이 바보죠." 비앙카가 말했다.

페트루키오가 말했다. "캐서리나, 이 두 고집 센 부인에게 그들의 주인이자 남편에게 해야 할 도리가 뭔지 좀 일러 주구려."

"이것 보세요, 장난하시는 건가요? 우리는 설교 따윈 필요 없다고요." 호텐시오의 아내가 말했다.

"자, 우선 저 부인을 향해 시작해 봐요." 페트루키오가 말했다.

P. 116 "못할걸요." 호텐시오의 아내가 맞섰다.

"천만에, 할거요." 페트루키오가 말했다.

캐서리나가 말을 시작했다. "우선 안색부터 밝게 하세요. 깔보는 듯한 눈빛도 거두시고요. 그건 여러분의 주인이며 군주이며 지배자인 남편에게 상처가 되는 짓이니까요. 그런 짓은 여러분의 아름다움을 망쳐놓고 어느 모로 봐도 매력적이지 않죠. 심통부리는 여자는 진흙만 가득하고 전혀 예쁘지 않은 샘과 같아요. 그런 샘에서는 아무리 목마른 사람일지라도 단 한 방울도 입에 대거나 손을 담그려 하지 않을 거예요. 남편은 여러분의 주인이고, 생명이고, 보호자고, 머리고, 군주예요. 당신을 보살펴 주고, 당신의 안락을 위해 바다와 땅에서 힘들게 일하시죠. 여러분이 따뜻한 집에서 안전하게 누워있는 동안 밤에는 폭풍과 싸우고 낮에는 추위에 떨면서 세상을 지켜요. 그런데도 남편은 아무 보상도 바라지 않고 다만 사랑과 행복한 얼굴과 진심에서 우러나오는 복종을 바랄 뿐이죠. 남편이 베푸는 큰 은혜에 비하면 보잘것없는 보상이죠. 신하가 군주에게 해야 할 도리를 아내는 남편에게 해야 하는 거예요.

P. 117 그러니 아내가 화를 내고, 삐치고, 심술을 부리고, 남편의 정당한 요구에 반항한다면 사랑을 베푸는 주인에 대한 가증스럽고 염치없고 배은망덕한 일이 되고 말 거예요. 여자들이 그들의 짧은 소견 탓에 무릎을 꿇고 평화를 빌어야 할 때 전쟁이나 벌이고, 섬기고 사랑하고 복종해야 할 때 지배하려 들면서 주도권을 잡으려 하는 것은 정말 부끄러운 짓이에요. 우리 여자들의 몸은 유연하고 약하고 부드럽죠. 우리 마음도 그런 우리 몸과 비슷해져야 해요. 자, 자, 그러니 당신네들 복종하지 않는 아내들이여! 나도 한때 여러분 같았지만 지금은 싸워봤자 우리가 든 창은 지푸라기에 불과하다는 걸 깨달았어요. 그러니 남편의 발에 무릎 꿇고 그가 원하는 대로 해드리세요. 제 손은 남편을 위해 준비되어 있으니 그로 인해 그가 편안하게 되기만을 바랄 뿐이랍니다."

"정말 멋진 여자 아닙니까!" 페트루키오가 외쳤다. "자, 이리 와서 내게 키스해 주오, 케이트. 모두들 안녕히 주무시오!" 놀라고 어리둥절한 결혼식 하객들을 뒤로 한 채, 그리고 밥티스타와 다른 두 남편의 축하인사를 받으며, 페트루키오와 캐서리나는 잠자리에 들기 위해 자리에서 일어났다.

십이야

> **등장인물**
>
> **올시노** 일리리아 대공
> **올리비아** 부유한 백작의 딸
> **세바스찬** 귀족 청년
> **바이올라(세자리오)** 세바스찬의 쌍둥이 여동생
> **선장** 바이올라의 친구
> **안토니오** 선장, 세바스찬의 친구
> **올리비아에게 거절당한 구혼자**

1장

P. 121 올시노 대공이 일리리아를 다스리고 있었다. 대공은 올리비아라는 아가씨를 사랑하고 있었는데 이 아가씨는 대공에게 관심이 없었다. 어느 날 상사병에 제대로 걸린 대공이 자신의 침실에 누워 음악을 들으며 시간을 보내고 있었다. 악사들이 연주를 마치자 대공이 말했다. "만약 음악이 사랑의 양식이라면 계속 연주해다오. 질리도록 연주해 줘. 그러다 보면 사랑의 식욕도 싫증이 나서 사라지고 말 것이 아니냐?"

이 말에 악사들이 다시 음악을 연주하기 시작했다.

"아까의 그 선율이로구나. 잦아들어가는 듯한 선율이었지. 내 귀에는 그 선율이 마치 제비꽃 만발한 강둑 위로 불어와 꽃향기를 훔쳐다 주는 감미로운 남풍처럼 들렸어. 됐다, 이제 그만 하거라. 지금은 전처럼 감미롭지 않구나." 대공이 말했다.

악사들은 다시 음악을 멈추었고 서로를 쳐다보며 그 속을 누가 알겠느냐

는 듯이 눈을 굴렸다.

대공은 넋두리를 계속했다. "오, 사랑의 정령이여, 너는 지치지도 않고 먹어대는 놈이구나! 너는 인간들을 마치 배처럼 거친 바다에 던져 버리지. 그러면 그 배들은 순식간에 난파되고 말아."

P. 122 한편, 일리리아 해변에서 정말로 배가 난파되는 바람에 물에 빠져 죽을 위험에 처하게 된 사람들이 있었으니 쌍둥이 남매 세바스찬과 바이올라였다. 이들 젊은 귀족 청년과 숙녀가 타고 가던 배는 험한 폭풍 속에 암초를 만나 박살이 나고 말았고, 일행 중 몇 안 되는 사람만 살아남았다. 선장은 선원 몇 명과 함께 작은 배를 타고 육지에 도착했는데 바이올라도 함께 있었다. 불쌍한 바이올라는 운 좋게 목숨을 구한 것을 기뻐할 새도 없이 실종된 오빠 때문에 비탄에 빠졌다. 그러나 선장은 그녀의 오빠가 튼튼한 돛대에 매달려서 물결에 떠내려가는 것을 보았다며 바이올라를 위로했다. 이 말을 들은 바이올라는 큰 희망이 생겼고, 이제는 고향에서 멀리 떨어진 이 낯선 나라에서 무엇을 해야 할지 걱정이었다. 그녀는 선장에게 일리리아에 대해 아는 것이 있느냐고 물었다.

선장이 대답했다. "그럼요. 아주 잘 알고 있습지요. 제가 태어난 곳이 여기서 겨우 세 시간 떨어진 곳이거든요." 선장이 바이올라에게 해 준 이야기에 따르면, 일리리아의 통치자는 올시노 대공이라는 인물로 고결한 성품을 지닌 사람이라고 했다. 바이올라도 예전에 그녀의 아버지가 올시노 대공에 대해 말하는 것을 들었는데 그때 듣기로는 대공이 미혼이었다고 말했다.

P. 123 "지금도 마찬가지입니다." 선장이 대답했다. "적어도 제가 여기 마지막으로 들렀던 한 달 전까지는 말이지요. 그때 소문에 듣기로, 대공님이 아름다운 올리비아 아가씨에게 구애하고 있다나요. 그 아가씨는 덕성스런 분으로 일 년 전에 세상을 떠나신 백작님의 따님이에요. 백작님이 올리비아 아가씨를 아가씨 오빠에게 부탁하고 돌아가셨는데 그만 그 오빠 되시는 분도 얼마 안 가 돌아가시고 말았답니다. 사람들이 그러는데, 이 아가씨가 사랑하는 오빠의 죽음을 애도하는 의미에서 남자를 보거나 만나는 걸 일절 피하고 있대요."

자신도 오빠를 잃은 슬픔에 상심하고 있던 바이올라는, 오빠의 죽음을 두고 그토록 사무치게 슬퍼한다는 그 아가씨와 함께 살고 싶었다. 그래서 선장에게 올리비아에게 자신을 소개해 줄 수 없겠느냐고 물었다. 만나기만 하면 기꺼이 그 아가씨를 섬기겠다고 했다. 하지만 선장은 그건 불가능한 일이라고 했다. 올리비아 아가씨는 자신의 오빠가 죽은 이래 아무도 집에 들이지 않기 때문이었다. 심지어 대공도 그녀를 만날 수 없다고 했다.

바이올라는 당분간은 현실과 대면하는 것을 피하고 싶었다. 적어도 쌍둥이 오빠의 생사가 확인될 때까지는 그러고 싶었다.

P. 124 그래서 바이올라는 다른 계획을 생각해냈다. 남자처럼 꾸미고 가서 올시노 대공의 시종이 되는 것이었다. 물론 젊은 여인이 남자 옷을 입고 남자 행세를 하겠다는 것은 좀 이상한 계획이긴 했다.

바이올라는 선장을 좋아하고 또 신뢰했다. 그래서 선장에게 자신의 계획을 털어놓았고 선장은 선뜻 돕겠다고 했다. 바이올라는 선장에게 돈을 주고 자신의 오빠 세바스찬이 입던 옷과 똑같은 색과 형태의 옷을 구해다 달라고 부탁했다. 바이올라가 남자 옷으로 차려입고 나니 영락없이 쌍둥이 오빠의 모습 그대로였다.

바이올라의 선량한 친구인 선장은 궁정에 아는 사람이 좀 있었다. 그래서 이 아리따운 아가씨를 남자로 둔갑시킨 다음, 그녀에게 세자리오라는 가짜 이름을 붙여서 올시노에게 소개시킬 수 있었다. 대공은 이 잘생긴 청년의 기품 있는 행동거지에 매우 흡족해하며 세자리오를 자신의 시종으로 삼았다. 바이올라는 자신의 새로운 직업을 훌륭히 수행해냈고 자신의 주인에게 더 없이 충성스런 애정을 보였기 때문에 얼마 가지 않아 대공이 가장 아끼는 수행원이 되었다.

2장

P. 125 올시노는 세자리오에게 올리비아 아가씨를 향한 자신의 연애사를 시시콜콜히 털어놓았다. 올리비아에게 오랫동안 구애해 왔으나 이제는 자신을 거부하기만 하고 만나 주지조차 않는다면서 별 성과가 없다는 이야기였다. 올시노는 자신에게 매정하기 그지없는 이 아가씨를 연모하느라고 예전에 자신이 즐기던 남자다운 수련과 야외활동은 뒷전이었다. 그는 이제 잔

잔한 음악과 부드러운 선율과 열정적인 사랑 노래 따위를 들으면서 빈둥거리며 시간을 보냈다. 뿐만 아니라 지난날 자주 어울리던 현명하고 학식 있는 귀족들과의 교제도 소홀히 했다. 대공은 온종일 세자리오를 데리고 서글픈 넋두리로 시간을 보냈다.

젊은 아가씨가 잘생기고 젊은 대공과 비밀을 털어놓는 상대가 되는 것은 위험한 일이다. 바이올라는 어느새 대공을 사랑하게 되었다. 올리비아 아가씨가 이런 주인님에게 그토록 냉담할 수 있다니 바이올라로서는 납득이 되지 않았다.

P. 126 그녀는 대공에게 올리비아 아가씨가 그의 훌륭한 품성을 보지 못하다니 안타깝기 짝이 없는 노릇이라고 말하며 이렇게 물었다. "주인님께서 올리비아 아가씨를 사랑하시듯이 만약 어떤 아가씨가 대공님을 사랑한다면 (그런 여인이 있을 수도 있답니다), 하지만 주인님께서는 그 아가씨의 사랑을 받아들이실 수가 없다면, 그 아가씨에게 사실대로 말씀하시겠어요? 그러면 그 아가씨는 그 대답에 만족해야 할까요?"

하지만 올시노는 이 논리를 받아들이려 하지 않았다. 그 어떤 여자도 자신이 올리비아를 사랑하는 것만큼 사랑할 수는 없다고 반박했다. 대공이 말했다. "어떤 여자라도 그런 사랑을 품을 정도로 마음이 크지는 않아. 그러니 아무 여자가 나를 사랑하는 것과 올리비아를 향한 나의 사랑을 비교하는 것은 말도 안 돼."

P. 127 바이올라가 대공의 견해를 존중하지 않는 것은 아니었지만, 그의 말이 옳다고 생각할 수는 없었다. 그녀의 마음도 올시노의 마음 못지않게 사랑으로 가득 차 있었기 때문이었다. 바이올라가 말했다. "아, 하지만 저는 알아요, 주인님."

"뭘 안다는 거지, 세자리오?" 올시노가 물었다.

"너무나 잘 알아요. 여자가 남자에게 품을 수 있는 사랑이 어떤 것인지 말이에요. 우리 남자들만큼 여자들의 마음도 진실되지요. 제 부친에게 딸이 하나 있었는데 한 남자를 사랑했죠. 제가 만약 여자라면, 저도 아마 대공님을 그렇게 사랑했을 겁니다. 왜냐하면 저는 그 어떤 여자도 제가 대공님을 사랑하는 만큼 사랑하지는 못할 것 같거든요."

"그 딸은 어찌 되었느냐?" 올시노가 물었다.

"아무 것도 어찌된 것은 없습니다. 누이는 자신의 사랑을 절대 드러내지 않았고, 다만 그 비밀이 꽃봉오리 속의 벌레처럼 자신의 장밋빛 뺨을 좀먹게 만들었죠. 누이는 상념으로 수척해졌고, 수심으로 가득한 채 인내의 비석처럼 앉아 비통에게 미소 지었을 뿐입니다. 이것이야말로 진실한 사랑입니다, 주인님. 우리 남자들은 말만 앞세우고 약속을 남발하면서 정작 사랑 그 자체를 위해서는 별로 하는 것이 없죠."

P. 128 대공은 그 누이가 결국 사랑으로 인해 목숨을 잃었느냐고 물었지만 바이올라는 애매한 대답으로 얼버무리고 말았다. 자신이 올시노에게 몰래 품고 있는 사랑과, 침묵할 수밖에 없는 비통함을 이 이야기에 넌지시 빗대어 말한 것이기 때문이었다.

올시노와 바이올라가 이야기를 나누고 있을 때 한 남자가 들어왔다. 대공이 올리비아에게 보냈던 사람이었다. 그 남자가 아뢰었다. "전하, 아가씨를 뵙는 것이 허락되지 않았습니다. 하지만 아가씨께서 하녀를 통해 전하신 전갈이 있습니다. 앞으로 7년 동안 아무에게도 얼굴을 보이지 않을 것이며 베일을 쓰고 다니면서 돌아가신 오빠를 슬프게 추억하며 눈물로 처소를 적실 거라고 하셨습니다."

이 말을 들은 대공이 외쳤다. "오, 죽은 오빠를 그렇게도 못 잊는 그녀의 마음이 얼마나 갸륵한가! 만약 큐피드의 금 화살이 그런 그녀의 마음을 살짝 스치기라도 한다면 얼마나 열정적으로 사랑해 줄까!" 그러더니 대공은 바이올라에게 말했다. "세자리오, 너도 알다시피, 나는 너에게 내 마음속에 있는 모든 비밀을 털어놓았다. 그러니, 착한 아이야, 올리비아의 집으로 가거라. 돌아가라는 말을 절대 받아들이지 말고 문에 서서 버텨라. 그리고 만나 주기 전에는 발 밑에 뿌리가 내릴 때까지 움직이지 않겠다고 말하거라."

"그렇게 제가 아가씨를 뵙게 되면, 주인님, 다음엔 어떻게 할까요?" 바이올라가 물었다.

P. 129 올시노가 대답했다. "오, 그때는 그녀에게 나의 이 불타는 사랑을 전해다오. 나의 간절한 애정을 속속들이 전해 주고 오너라."

3장

이렇게 해서 바이올라는 자기 자신이 사랑하는 남자를 대신해 다른 여자에게 구애하러 가게 되었다. 청년 한 명이 문 앞에 와서 꼭 만나 뵙기를 고집한다는 말이 곧 올리비아의 귀에 전해졌다.

하인이 말했다. "아가씨께서 편찮으시다고 했는데도 그건 이미 알고 있다면서 그래서 이렇게 찾아 뵙고 말씀드리러 온 것이 아니냐고 합니다. 어떤 핑계를 대도 소용이 없습니다. 이 청년에게 뭐라고 해야 할까요? 결국 아가씨를 뵙고 갈 모양입니다. 아가씨께서 원하시든 원치 않으시든 간에요."

올리비아는 이렇듯 막무가내로 고집을 피우는 전령이 어떤 사람인지 궁금해져서 들여보내라고 했다. 그리고 자신의 얼굴을 베일로 가리고 나서, 올시노가 또다시 보낸 전갈을 들을 채비를 했다.

P. 130 방안으로 들어온 바이올라는 할 수 있는 한 가장 남자다운 태도로 베일을 쓴 귀부인에게 말을 건넸다. "더없이 눈부시고 절묘하고 비할 데 없이 아름다운 분이시여, 당신이 이 집의 주인이 맞는지 말씀해 주시겠습니까? 엉뚱한 분께 전갈을 전해 드리고 싶지는 않거든요. 너무나 훌륭하게 지어진 전갈이라 외우는 데만도 고생을 많이 했습니다. 친절하신 귀부인이시여, 얼굴을 보게 해 주십시오."

"당신은 희극배우인가요?" 올리비아가 물었다.

"아닙니다. 그리고 지금 보고 계신 모습도 사실은 제가 아닙니다." 자신이 남자행세를 하고 있다는 것을 넌지시 비추며 바이올라가 대답했다. 그녀는 다시 한 번 올리비아에게 이 집의 주인이 맞느냐고 물었다. 올리비아는 그렇다고 대답했다. 서둘러 주인의 말씀을 전달하겠다는 마음보다는 자신의 연적이 어떻게 생겼는지 보고 싶은 호기심이 더 강한 바이올라는 재차 말했다. "친절하신 귀부인이시여, 얼굴을 보여 주십시오."

올리비아는 어쩐지 이 대담한 요구에 응하고 싶은 마음이 들었다. 올시노 대공이 그토록 오랫동안 사랑을 바쳤어도 꼼짝도 하지 않던 이 도도한 아가씨가 첫눈에 시종 세자리오에게 마음을 빼앗겨 버린 것이었다.

"당신의 주인이 내 얼굴과 담판이라도 짓고 오라고 시키던가요?" 올리비아가 말했다. 그리고는 7년이라는 세월 동안 절대 베일을 벗지 않겠다는 맹세를 잊고 베일을 옆으로 걷었다. "그렇다면 커튼을 걷고 그림을 보여드리지요.

P. 131 잘 그려졌나요?"

바이올라가 대답했다. "참으로 아름다운 분이시군요. 뺨의 그 붉은 빛과 흰 빛은 오직 오묘한 자연의 솜씨로만 가능한 것이지요. 이런 아름다운 모습을 후세에 복사하여 남기지 않으시고 그대로 무덤으로 가져가신다면 아가씨는 이 세상에서 가장 잔인한 분일 겁니다."

"오, 신사분, 난 그렇게 잔인하진 않을 거예요." 올리비아가 대답했다. "세상에는 내 아름다움의 명세서를 남기면 될 테니까요. 이렇게 말이죠. 첫 번째 품목: 그저 그런 붉은 입술 두 개, 두 번째 품목: 두 개의 회색 눈동자와 각각의 위에 덮인 눈꺼풀, 목 하나, 턱 하나, 기타 등등. 나를 칭찬하라고 당신을 보냈나요?"

바이올라가 대꾸했다. "이제 아가씨께서 어떤 분이신지 알겠습니다. 너무나 도도하신 분이지만 아름답기 그지없으시군요. 제 주인님께서는 아가씨를 사랑하고 계십니다. 오, 그분의 사랑은 보답이 필요합니다. 설사 아가씨께서 미의 여왕의 왕관을 쓰고 계신 분이라도요. 올시노 대공님께서는 연정에 못 이겨 눈물을 흘리시며, 사랑의 탄식과 불 같은 한숨으로 아가씨를 사랑하십니다."

"당신의 주인께서도 제 마음을 잘 알고 계세요. 저는 그분을 사랑할 수 없어요. 그분이 아무리 덕망 있고 지체 높고 돈 많고 건강하고 젊다 해도 말이지요. 모든 사람이 그분을 일컬어 학식 있고 정중하고 용맹스런 분이라 하지만 저는 그분을 사랑할 수 없어요.

P. 132 이미 오래 전에 깨달으셨어야지요."

"제가 대공님처럼 아가씨를 사랑한다면, 저는 아가씨 댁 문 앞에 버드나무로 오두막집을 지어놓고 아가씨의 이름을 외칠 겁니다. 탄식하는 시를 지어서 한밤중에 노래할 겁니다. 아가씨의 이름이 언덕마다 울려 퍼질 것이고, 그 메아리가 다시 '올리비아'를 소리쳐 부르겠죠. 아가씨께서 저를 가엾게 여기시기 전에는 편히 잠도 이루실 수 없을 겁니다."

"당신은 정말 그러고도 남겠네요. 어느 가문 출신이신가요?" 올리비아가 물었다.

바이올라가 대답했다. "좋은 가문 출신입니다. 신사계급입니다."

내키지는 않았지만 이제 올리비아는 바이올라에게 물러가라고 할 수밖에 없었다. "당신의 주인께 가서, 제가 그분을 사랑할 수 없노라고 전하세요. 그분께서 제 대답을 어떻게 받아들이셨는지 전해 주시고자 당신이 다시 오는 것이 아니라면 더 이상은 어떤 전갈도 보내지 말아달라고요."

바이올라가 가버리자 올리비아는 혼자 이렇게 되뇌었다. '신사계급임이 틀림없어. 분명해. 그의 말투, 그의 용모, 그의 팔다리, 행동, 기백 이 모든 것이 그가 신사임을 증명해 주고 있어.' 올리비아는 세자리오가 대공이었으면 좋겠다는 생각이 들었고 순식간에 자신이 그에게 마음을 빼앗겨 버린 것을 깨달았다.

P. 133 그녀는 갑작스레 마음을 빼앗긴 것을 두고 자책하는 마음이 들었다. 하지만 사람들이 자기 자신의 잘못을 탓할 때는 으레 그 뿌리가 깊지 않은 법이다. 올리비아는 세자리오의 사랑을 얻어보리라 결심하고 하인을 시켜 그의 뒤를 쫓아가 다이아몬드 반지를 전해 주도록 했다. 대공이 자신에게 선물로 보냈다면서 그의 시종이 반지를 놓고 갔다는 구실이었다. 그녀는 세자리오가 반지를 받고 자신의 마음을 눈치채길 바랬다.

아닌 게 아니라 바이올라는 그 의도를 눈치챘다. 올시노는 올리비아에게 아무런 반지도 보내지 않았고, 감탄하는 태도로 자신을 대하던 올리비아의 표정과 행동이 기억났기 때문이었다. 바이올라는 올리비아가 자신에게 반했다는 것을 깨달았다.

바이올라는 이렇게 혼잣말했다. '이런 슬픈 일이 있나. 그 불쌍한 아가씨가 차라리 꿈을 좇는 게 나을 뻔했네. 변장은 참 몹쓸 짓이로구나. 올시노 대공님을 향한 나의 한숨처럼 올리비아도 나를 두고 부질없는 한숨을 수없이 짓게 생겼으니.'

바이올라는 올시노의 궁전으로 돌아가 대공에게 자신의 방문이 실패로 돌아갔다고 전하면서, 다시는 자신을 괴롭히지 말아달라는 올리비아의 전갈을 되풀이할 수밖에 없었다.

P. 134 하지만 대공은 싹싹한 세자리오라면 조만간 올리비아의 동정표를 얻어낼 수 있을 거라는 희망을 버리지 않았다. 대공은 바이올라에게 다음날 올리비아를 다시 방문하라고 했다.

그런 다음 대공은 광대에게 자신이 즐기는 노래를 부르라는 명령을 내리고 나서 이렇게 말했다. "착한 세자리오, 어젯밤 이 노래를 듣다 보니 내 열정이 좀 진정되는 듯싶더구나. 들어 봐라, 세자리오, 소박한 옛 노래다. 햇볕에 나와 앉아 물레질하고 뜨개질하는 사람들이, 그리고 뼈로 만든 바늘로 실을 짜는 젊은 처녀들이 이 노래를 흥얼거린단다. 바보 같은 노래지만 난 이 노래가 좋구나. 옛날의 순수했던 사랑을 노래하고 있거든."

"오너라, 오너라, 죽음이여,
슬픈 삼나무 관 속에 나를 뉘어다오.
사라져라, 사라져라, 숨결이여,
아름답고 매정한 아가씨가 내 목숨을 앗아 갔다네.
주목나무로 장식한 새하얀 수의를 준비해다오!
참으로 나처럼 죽은 사람은 세상에 다시 없다네.
단 한 송이 향기로운 꽃이라도
나의 검은 관 위에 뿌리지 말아다오.
단 한 명의 친구라도
내 뼈가 던져지는 곳에서 그 가련한 시신에 경의를 표하지 말아다오.
P. 135 수없이 탄식하는 일이 없도록 찾을 수 없는 곳에 나를 묻어다오,
슬픔에 잠긴 진정한 연인이 무덤에 찾아와 구슬피 우는 일이 없도록!"

바이올라는 짝사랑의 고통을 절절히 묘사한 그 고풍스런 노랫말이 남의 이야기 같지 않았다. 올시노는 그녀의 서글픈 표정을 보고 이렇게 물었다. "세자리오, 네가 비록 어리기는 해도 네 눈은 이미 사랑하는 사람의 얼굴을 발견했구나, 그렇지, 얘야?"
"그런 셈입니다." 바이올라가 대답했다.
"어떤 여인이길래? 나이는 몇이냐?" 올시노가 물었다.
"대공님과 같은 나이에 얼굴색도 비슷합니다."
공작은 이 잘생긴 청년이 본인보다 훨씬 연상인, 그것도 남자처럼 거무스름한 피부의 여인을 사랑한다는 말을 듣자 웃음이 나왔다. 바이올라는 올시노를 닮은 여자가 아니라 올시노 자신을 암시한 것이었다.

P. 136 "맙소사, 너에겐 나이가 너무 많다!" 대공이 외쳤다. "여자가 남자보다 어려야 한다. 그래야 나이가 들어가면서 남편의 마음을 헤아리게 되는 거야. 너도 알다시피 우리 남자들이 아무리 잘난 척을 해도 우리 마음은 여자들보다 자주 변하지 않더냐?"

"옳으신 말씀으로 사료됩니다, 주인님." 바이올라가 대답했다.

대공이 말했다. "너보다 어린 사람을 사랑하거라. 여자는 장미와 같아서 아름다운 모습을 드러내자마자 시들어 떨어지는 법이거든."

"예, 옳으신 말씀입니다. 그들은 완벽을 이루자마자 죽어 버리죠." 바이올라가 대답했다.

4장

바이올라가 두 번째로 올리비아를 찾아갔을 때는 지체 없이 안으로 들어갈 수 있었다. 바이올라가 도착하기가 무섭게 대문들이 활짝 열렸고, 대공의 시종은 융숭한 대접을 받으며 올리비아의 처소로 안내되었다. 바이올라가 올리비아에게 다시 한 번 더 대공을 대신해서 간청을 드리러 왔다고 하자 올리비아는 바이올라의 말을 막으며 물었다.

"손을 잡아도 될까요? 당신의 이름이 뭐지요?"

P. 137 "이 미천한 하인의 이름은 세자리오입니다, 아가씨." 바이올라가 말했다.

"저의 하인은 아니시죠! 올시노 대공님에게나 하인이시죠." 올리비아가 말했다.

"그리고 그분은 당신의 종이십니다. 아가씨의 명령은 곧 그분의 분부나 다름없지요. 아가씨의 종의 종은 아가씨의 종이나 마찬가지입니다." 바이올라가 말했다.

"그분이나 그분의 생각 따위에는 관심 없어요. 그분의 머리 속이 제 생각으로 가득 차 있으니 차라리 텅 비어 있는 게 낫겠어요!"

"아가씨, 저는 아가씨의 자애로우신 마음이 대공님께 향하도록 하기 위해 왔습니다…"

"오, 제발, 그분 이야기는 다시는 꺼내지 마세요. 하지만 만약 당신이 다른 구애를 시작하실 요량이라면 천상의 음악보다도 더 즐거운 마음으로 듣겠어요."

놀란 바이올라가 대답했다. "아가씨, 저는 아가씨가 안됐다는 생각이 듭니다."

"안됐다는 마음도 일종의 사랑이죠." 올리비아가 말했다.

"아뇨, 전혀 그렇지 않습니다. 적을 향해서도 안됐다고 생각하는 경우가 흔하니까요."

P. 138 "오, 사냥감이 된다면 늑대 따위의 먹이가 되느니 차라리 사자의 먹이가 되는 게 낫겠죠!" 그때 시계가 울리자 바이올라는 이렇게 말을 이었다. "시계도 시간을 낭비하는 나를 질책하는군요. 두려워하지 마세요, 선량한 청년이시여. 당신을 차지하지는 않겠어요. 당신은 젊고 똑똑하시니 당신의 아내가 되는 사람은 훌륭한 남편을 얻게 되겠군요. 안녕히 가세요."

바이올라도 말했다. "안녕히 계세요. 은총과 선함이 아가씨와 함께 하기를 기원합니다! 제 주인님께 전하실 말씀은 정말 없으신가요?"

올리비아는 바이올라의 얼굴에 불쾌하고 당황한 기색이 보이자 이렇게 말했다. "기다리세요. 당신이 저를 어떻게 생각하시는지 들어야겠어요. 오, 저 입술에 서린 경멸과 분노에 담긴 조롱조차도 아름답구나! 세자리오, 봄에 피는 장미를 두고, 명예와 진실을 두고 말씀드리건대, 저는 당신을 너무나 사랑하는 나머지 제 자존심도 버렸습니다. 제 열정을 숨길 재주도 이유도 없네요. 그리고 제가 당신을 사랑하는 이유는 묻지 마세요. 구해서 얻는 사랑도 좋지만 구하지 않고 얻는 사랑은 더욱 좋으니까요."

"맹세컨대, 지금까지 그 어떤 여자도 제 마음을 얻은 적이 없었고 앞으로도 그럴 겁니다. 제 자신을 빼면요." 바이올라가 대답했다. "그러니 작별을 고합니다, 착하신 숙녀분이여, 다시 찾아와서 아가씨가 제 주인님의 슬픔을 조롱하는 말씀을 듣는 일은 더 이상 없을 겁니다."

바이올라가 올리비아의 집에서 나오자마자 어떤 남자가 그녀에게 결투를 하자며 덤볐다.

P. 140 그 남자는 올리비아의 삼촌과 친구 사이였는데 올리비아에게 구혼했다가 거절당한 사람이었다. 올리비아의 삼촌으로부터 올리비아가 대공의

시종에게 마음을 빼앗겼다는 이야기를 듣고 부아가 치민 이 남자는 바이올라를 기다렸다가 싸움을 건 것이었다. 하지만 불쌍한 바이올라가 어찌하겠는가? 비록 남자로 변장하고 있었지만 마음은 여인인 그녀는 자기 자신이 차고 있는 칼만 봐도 벌벌 떨렸다.

상대가 칼을 뽑아들고 점점 자신에게 다가오는 것을 보고 바이올라는 차라리 여자인 것을 밝힐까 하고 생각했다. 하지만 죽음을 당하거나 정체가 탄로나 창피를 당할 위험에서 그녀를 구해준 것은 지나가던 어떤 낯선 남자였다. 그는 두 사람 쪽으로 다가오더니 마치 바이올라의 절친한 친구라도 되듯이 그녀에게 싸움을 걸던 상대에게 맞서서 이렇게 말하는 것이었다. "여기 이 젊은 신사분이 당신에게 잘못한 것이 있다면 내가 거기에 대한 책임을 지겠소. 그리고 당신이 이분에게 잘못한 거라면 내가 이 사람 대신 싸우겠소."

구혼자는 물러났다. 그런데 바이올라가 이 은인에게 구해준 것을 감사하거나 왜 도와준 것인지 이유를 물을 겨를도 없이, 대공 휘하의 경관 몇 명이 그에게로 다가왔다. 놀랍게도, 바이올라를 구해준 남자는 몇 년 전에 그가 저지른 범죄를 이유로 그 자리에서 경관들에게 체포되었다.

P. 141 남자가 바이올라에게 말했다. "당신을 찾아다니다가 이런 사단이 나는군요." 그러더니 이렇게 덧붙였다. "이제 당신에게 주었던 내 지갑을 돌려주셔야겠소. 내 자신에게 생긴 일보다 당신을 더 도와 주지 못하는 것이 더 마음 아픕니다. 놀란 표정이군요. 하지만 염려하지 마십시오."

그의 말을 들은 바이올라는 정말로 깜짝 놀라고 말았다. 그녀는 자신은 그를 알지도 못할 뿐만 아니라, 지갑을 받은 적은 더더욱 없다고 말했다. 하지만 자신에게 베푼 친절에 대한 보답으로, 바이올라는 가진 돈을 거의 다 털어 얼마간의 돈을 건넸다. 그러자 남자는 화를 내면서 배은망덕하고 냉혹한 인간이라며 바이올라를 비난했다.

그는 경관들에게 이렇게 말했다. "여기 보시다시피, 제가 죽음이 코앞에 닥친 이 젊은이를 구해줬습니다. 그리고 순전히 이 젊은이를 위해서 일리리아까지 왔다가 이렇게 체포까지 당하게 된 겁니다." 하지만 경관들은 죄인의 불평은 들은 척도 하지 않았다. "그게 우리와 무슨 상관이요?" 경관들은 남자를 끌고 가버렸다.

끌려가면서 남자는 바이올라를 세바스찬이라고 부르면서 친구를 저버렸다고 비난했다. 바이올라는 남자가 이미 너무 멀리 끌려가 버려 어찌된 영문인지 물어볼 수는 없었지만, 자신을 세바스찬이라고 부르는 소리를 듣고, 그 남자가 자신을 자신의 오빠로 착각했다는 것을 깨달았다.

P. 142 끌려간 남자가 구해 주었다던 남자가 오빠일 거라는 생각이 들자 오빠가 살아있다는 희망이 생겼다. 사실 세바스찬은 살아 있었다.

바이올라를 도와 주었던 낯선 남자의 이름은 안토니오였고 선장이었다. 그는 폭풍 속에서 돛대에 매달려 거의 탈진 상태에 이른 세바스찬을 발견했다. 안토니오는 세바스찬과 깊은 우정을 나누게 되었고 그가 가는 곳이라면 어느 곳이라도 함께 가기로 결심했다. 그래서 세바스찬이 올시노의 궁정을 방문하고 싶다고 했을 때, 안토니오도 일리리아로 오게 된 것이었다. 과거에 해상에서 벌어진 싸움으로 올시노 대공의 조카를 다치게 한 전력이 있는 그로서는 생명의 위험을 무릅쓴 결정이었다. 그리고 이제 바로 그 죄로 체포된 것이었다.

안토니오는, 바이올라와 마주치기 불과 몇 시간 전에 세바스찬과 일리리아에 도착했다. 안토니오는 자신의 지갑을 세바스찬에게 주면서 그가 필요한 물건을 사러 시내에 나가 있는 동안 자신은 여관에 남아 그를 기다리겠다고 했다. 그런데 세바스찬이 약속한 시간이 되어도 돌아오지 않자 안토니오가 친구를 찾아나선 것이었다. 바이올라가 그녀의 오빠와 똑같은 옷을 입고 있는 데다, 얼굴까지 너무 닮은 바람에 안토니오는 세바스찬이 공격당하는 것으로 생각하고 그를 돕기 위해 칼을 뺀 것이었다.

P. 143 그러니, 자신이 세바스찬이라고 믿은 사람이 자신을 모르는 척하며 지갑조차 돌려주려 하지 않았을 때 그가 화를 내며 배신자라고 비난한 것은 지극히 당연한 일이었다.

안토니오가 붙들려 가버리자, 바이올라는 또 다시 결투 신청을 받게 될까 겁이 나서 걸음아 나 살려라 줄행랑을 놓았다. 그녀가 사라지고 얼마 되지도 않았는데, 결투를 신청했던 남자는 자신의 상대가 되돌아오는 것을 보았다. 그는 "이제, 내가 너를 다시 만났으니 어디 맛 좀 봐라."라고 말하며 주먹을 날렸다. 하지만 사실상 그가 이번에 마주친 사람은 바이올라의 오빠 세바스찬이었고, 그는 겁쟁이가 아니었다. 세바스찬은 이자까지 붙여 주먹으로 갈기고 나서 칼을 뽑았다.

이번에는 한 여인으로 인해 결투가 중단되었다. 집 밖으로 나오던 올리비아가 세바스찬을 세자리오로 착각했기 때문이었다. 그녀는 자신의 구혼자 때문에 무례한 공격을 당하게 된 것을 무척 미안해하며 세바스찬에게 집안으로 들어가자고 했다.

P. 144 세바스찬은 생면부지의 적에게 당한 무례한 행동 못지 않게 이 아가씨가 베푸는 친절한 대접에도 어리둥절할 따름이었지만 기꺼이 그 초대에 응했다. 올리비아는 세자리오가 (사실은 다른 사람이지만) 자신의 구애에 전 같지 않은 관심을 보이는 것을 보고 신이 났다.

세바스찬은 이 아가씨가 자신에게 퍼붓는 애정공세가 전혀 싫지 않지만, 처음에는 올리비아가 제 정신이 아닌가 보다고 생각했다. 그렇지만 그녀가 대저택의 여주인인데다, 멀쩡하게 집안일을 처리하고 하인들을 다루는 것을 알았다. 자신에 대한 난데없는 사랑만 아니라면 온전한 정신임에 틀림없어 보였다. 세바스찬은 올리비아가 사랑을 고백하자 매우 행복했다. 올리비아도 세자리오의 기분이 좋은 것을 보고, 행여 그의 마음이 바뀔까 봐 당장 결혼식을 올리자고 말했다. 세바스찬도 동의했고, 결혼식이 끝나자, 자신의 결혼소식을 친구 안토니오에게 알리기 위해 잠시 아내 곁을 떠났다.

5장

P. 145 한편, 올시노가 직접 올리비아를 만나러 왔다. 그가 올리비아의 집 앞에 다다랐을 때 마침 경관들이 범인 안토니오를 대공 앞으로 끌고 왔다. 바이올라도 자신의 주인인 대공과 동행하고 있었다. 바이올라를 본 안토니오는 여전히 그녀를 세바스찬으로 착각하고서 대공에게 자신이 이 청년을 바다에서 구해낸 사연을 아뢰었다. 그리고 지난 3개월 동안 밤낮으로 이 배은망덕한 청년과 함께 지냈다고 말했다.

하지만 그때 올리비아 아가씨가 집 밖으로 나왔고 대공은 더 이상 안토니오의 이야기를 들어 줄 겨를이 없었다. "저기 백작의 따님께서 오시는군. 천사가 땅에 내려온 듯하구나! 하지만 너, 이놈, 무슨 말도 안 되는 소리를 늘어놓는 거냐? 지난 3개월 동안 이 청년은 나를 수행하고 있었다." 이 말과 함께 대공은 안토니오를 다시 끌고 가라고 명령했다.

P. 146 하지만 곧이어 천사 같은 올리비아의 입에서 나온 말은, 올시노가 안토니오 못지않게 세자리오를 배신자라고 욕할 수밖에 없는 빌미를 제공했다. 올리비아가 세자리오에게 사랑의 말을 건네는 것을 보고 대공은 쓰라린 복수심을 느꼈다. 그는 바이올라에게 따라오라고 명령했다. "오너라, 이녀석, 나와 갈 데가 있다. 너를 혼내주고 싶은 마음이 간절하다." 대공이 말했다. 대공은 질투와 분노로 당장에라도 바이올라의 목숨을 빼앗을 기세였지만, 그를 향한 사랑으로 인해 전과 달리 무서울 것이 없어진 바이올라는 주인님 마음이 편해진다면 어떤 벌도 달게 받겠다고 말했다.

하지만 남편을 잃고 싶지 않은 올리비아는 다급하게 외쳤다. "나의 세자리오가 어디로 가는 거예요?"

바이올라가 대답했다. "내 생명보다도 더 사랑하는 분을 따라갑니다."

올리비아는 세자리오는 자신의 남편이라고 큰소리로 주장하며 이들이 가지 못하게 막아섰고, 하인에게 신부님을 불러오라고 시켰다. 신부는 자신이 올리비아 아가씨와 이 젊은이의 결혼식을 올려준 지 두 시간도 채 되지 않았다고 증언했다. 바이올라가 자신은 올리비아와 결혼한 적이 없다고 항변했지만 올리비아와 성직자의 증언을 들은 올시노는 믿었던 시동이 자신에게서 생명보다도 소중한 보물을 강탈해 갔다고 믿었다.

올시노가 자신의 사랑을 저버린 아가씨에게 작별을 고하고 바이올라에게는 다시는 자신의 눈앞에 나타나지 말라고 경고하고 있는 바로 그때 (사실은 기적이 아니지만) 기적이 일어났다!

P. 147 또 한 명의 세자리오가 나타나 올리비아를 아내라고 부르는 것이었다. 이 새로운 세자리오는 물론 올리비아의 진짜 남편 세바스찬이었다.

같은 얼굴에 같은 목소리로 말하고 같은 옷을 입은 두 젊은이를 보고 사람들이 어리둥절해하고 있을 때, 남매는 서로를 확인하는 말들을 나누었다. 바이올라는 마침내 무사히 살아 있는 오빠를 만나게 되어 기뻐서 어쩔 줄 몰랐고, 세바스찬도 물에 빠져 죽은 줄로만 알았던 여동생이 남장을 하고 있는 것을 보고 몹시 놀랐다.

똑 닮은 쌍둥이 남매로 인해 벌어진 모든 오해가 풀렸다. 사람들은 여자와 사랑에 빠졌던 올리비아의 우스꽝스러운 실수에 웃어댔다. 올리비아는 여동생이 아니라 그 오빠와 결혼하게 된 것을 큰 다행으로 생각했다.

올리비아의 결혼으로 올시노의 희망은 산산조각이 나고 말았다. 그리고 그 희망과 함께 그의 덧없던 사랑도 사라지는 듯했다.

P. 148 그는 이제 자신이 총애했던 젊은 시동 세자리오가 여인의 모습으로 변하면 어떨까 하는 상상에 온통 마음이 쏠려 있었다. 바이올라를 새삼 주의 깊게 관찰했고, 또 전부터 세자리오를 볼 때마다 참 곱상하게 생겼다고 감탄했던 기억을 떠올려 보았다. 결국 여자 옷을 입으면 매우 아름다울 것이란 결론이 나왔다. 대공은 그녀가 자주 자신에게 사랑한다고 했었던 것이 생각났다. 당시에는 단지 충성스런 시동이 주인에게 하는 표현이라고 여겼다. 하지만 이제 생각해보니 그보다 더 큰 의미가 있었던 것 같았다. 그때는 수수께끼 같기만 했던 그녀의 말들이 이제 머리에 하나하나 떠올랐기 때문이었다.

이런 모든 기억이 되살아나자, 대공은 바이올라를 아내로 삼아야겠다고 마음먹었다. 그는 그녀에게 (아직도 그녀를 세자리오나 애야라고 부르는 것이 입에 배어 있었다) 말했다. "얘야, 네가 골백번도 넘게 나에게 말하기를, 나를 사랑하는 것만큼 다른 여자를 사랑할 일은 없을 거라 했었지. 네가 지금껏 나에게 바쳐온 충성에 대한 보답으로, 그리고 어차피 이왕 오랫동안 나를 주인님이라 불러왔으니, 이제 네 주인의 연인이 되는 게 어떠냐? 올시노 공작부인이 되어다오."

P. 149 올리비아는 그들을 자신의 집으로 맞아들였다. 그리고 바로 그날 아침 자신을 세바스찬과 결혼시켜준 신부에게 올시노와 바이올라의 결혼식도 올려달라고 부탁했다. 이렇게 쌍둥이 남매는 같은 날 결혼하게 되었다. 둘을 갈라 놓았던 폭풍우와 난파사고 덕분에 지체 높고 위엄 있는 신분을 얻는 행운이 찾아온 것이다. 이로써 바이올라는 일리리아 대공 올시노의 아내가 되었고, 세바스찬은 돈 많고 지체 높은 백작의 딸 올리비아 아가씨의 남편이 되었다.

좋으실 대로

> **등장인물**
>
> **대공**   아덴 숲으로 추방당한 공작
> **프레데릭 공작**   대공의 동생이며 찬탈자
> **로잘린드**   대공의 딸
> **실리아**   프레데릭 공작의 딸
> **올랜도 드 보이스**   귀족 청년
> **올리버 드 보이스**   올랜도의 형
> **아담**   올랜도의 하인
> **자크**   대공의 추종자 중 한 명

1장

P. 153 프랑스가 여러 지역으로 (당시는 공국으로 불리던 나라들로) 나뉘어져 있던 시절, 동생이 정통성을 가진 형을 대공의 자리에서 몰아내고 추방한 일이 있었다. 대공은 충직한 신하 몇과 함께 아덴 숲으로 피신했다. 선량한 대공을 따르는 사람들도 그를 따라 자발적으로 망명생활을 택했고 대공과 함께 숲에서 살게 되었다. 그동안 이들의 땅과 거기서 나오는 수입은 자격 없는 찬탈자가 차지했다. 대공이 충성스런 신하들에게 말했다. "망명길을 택한 동지들이여, 형제들이여, 가식뿐인 화려함보다 이 생활이 더 달콤하지 않은가? 시기로 가득 찬 궁정보다 이 숲이 더 안전하지 않은가?"

그들은 그 옛날 잉글랜드의 로빈 훗처럼 살았다. 많은 귀족 청년들이 궁정생활을 피해 숲으로 몰려들어 사심 없는 세월을 보냈다. 여름이면 커다란 나무 아래 쾌적한 그늘에 누워 야생 사슴이 신나게 뛰노는 것을 보았다.

P. 154 사슴들이 너무 귀여워서 식량을 얻기 위해 어쩔 수 없이 죽여야 할 때는 몹시 안타까워했다. 겨울의 매서운 바람이 험하게 바뀌어 버린 자신의 처지를 생각나게 할 때도 대공은 꿋꿋하게 버티며 이렇게 말하곤 했다.

"내 몸에 부는 이 싸늘한 바람이야말로 진정한 조언자라 할 수 있지. 아첨하는 법 없이 내 처지를 있는 그대로 말해 주거든. 비록 그 이빨이 내 살을 매섭게 깨물기는 하지만 인간이 가진 몰인정과 배은망덕에 비하면 아무것도 아닐세그려. 역경도 다 쓸 데가 있는 법이지. 징그러운 독 두꺼비의 머리에서 귀한 약이 추출되는 것처럼 말일세."

이 참을성 많은 대공은 이런 식으로 보이는 모든 것에서 유익한 교훈을 얻었다. 나무들이 속삭이는 이야기를 듣고, 흐르는 시냇물에서 지식을 건졌으며, 바위들이 전하는 설교에 귀기울이고, 모든 것에서 선함을 추구했다.

추방당한 대공에게는 로잘린드라는 외동딸이 있었다. 찬탈자 프레데릭 공작은 로잘린드를 자신의 딸 실리아의 친구 삼아 궁궐에 남겨 두었다. 이들 두 젊은 아가씨는 아버지들 간의 불화에 영향 받지 않고 깊은 우정을 나누었다. 실리아는 자신의 아버지가 로잘린드 아버지의 자리를 부당하게 빼앗은 것을 보상해 주고 싶은 마음에 로잘린드에게 최선을 다했다.

P. 155 그녀가 쫓겨난 아버지 생각과 찬탈자인 작은아버지에게 의탁하고 있는 자신의 처지에 울적해할 때면 그녀를 위로하는 사람도 실리아였다.

어느 날 실리아가 평소와 같은 다정한 태도로 로잘린드에게 "제발, 사랑하는 로잘린드 언니, 기운을 좀 내요."라고 말하고 있을 때, 공작이 보낸 전령이 들어왔다. 그는 지금 막 궁궐 앞에서 씨름경기가 벌어지려 한다는 전갈을 가지고 왔다. 실리아는 로잘린드의 기분이 나아지는 데 도움이 될 거라 생각하고 시합구경을 가겠다고 말했다.

당시 씨름은 군주들의 궁정에서 아름다운 아가씨들과 공주들이 보는 앞에서 인기리에 열리던 스포츠였다. 그래서 실리아와 로잘린드도 구경하러 나간 것인데, 가보니 끔찍한 결과가 뻔히 예상되는 경기였다. 이미 이런 시합에서 사람을 여럿 죽인 경험이 있는 덩치 크고 힘세고 숙달된 남자와 이런 시합에 아무런 경험이 없는 젊디 젊은 남자가 대결할 예정이었다.

P. 156 구경꾼들은 젊은 남자가 죽을 것이 불 보듯 뻔하다고 했다.

젊은이의 가엾은 모습에 성질 사나운 공작마저도 연민을 느꼈고, 실리아와 로잘린드가 오자 이렇게 말했다. "딸과 조카딸아, 너희도 구경하러 왔구나. 너희가 즐겁게 볼 만한 광경이 못 될 것 같다. 저 젊은이가 안됐구나. 차라리 싸우지 않는 게 낫겠어. 너희 아가씨들이 가서 말해 보아라. 너희들이 설득하면 저 사람이 시합을 그만둘지 한번 보자꾸나."

두 아가씨는 기꺼이 돕겠다고 했다. 실리아가 먼저 낯선 청년에게 간곡히 시합을 포기하라고 했다. 그러나 젊은이는 말을 듣지 않았다. 이번에는 로잘린드가 나섰는데, 너무도 다정하게 성심을 다해 말하는 바람에 청년은 그 친절한 말에 설득당하는 대신 오히려 투지가 불타올랐다. 그는 용기 있는 모습을 보여 로잘린드에게 감동을 주겠다는 마음밖에 없었다. 실리아와 로잘린드는 그 젊은이가 더욱 걱정되었다. 젊은이가 아가씨들에게 말했다.

"이토록 아름답고 선량하신 공주님들의 청을 거절하게 되어 죄송합니다. 하지만 두 분의 아름다운 눈길과 친절하신 걱정이 시합에 임하는 저와 함께할 것입니다. 만약 제가 시합에 패한다면 이미 보잘것없던 한 사람이 창피 당하는 것뿐이며, 설사 제가 죽게 되더라도 죽고 싶었던 사람이 죽은 것뿐입니다. 저를 두고 슬퍼할 친구도 하나 없으니 친구들에게 못할 짓을 하는 것도 아니며, 가진 것 하나 없으니 세상에 피해를 끼칠 일도 없습니다.

P. 157 제가 세상에서 차지하고 있는 공간은, 제가 사라지면 저보다 더 나은 사람으로 채워질 겁니다."

이제 시합이 시작되었다. 실리아도 청년이 다치지 않기를 빌었지만 로잘린드가 그에게 느끼는 마음은 더욱 애틋했다. 자신은 친구 하나 없는 처지라면서 차라리 죽고 싶다고 한 그의 말에 로잘린드는 동병상련의 정을 느꼈다. 청년을 가엾게 여기면서 시합을 보며 노심초사하다 보니 그 자리에서 청년을 사랑하게 되었다고 해도 과언이 아니었다.

아름답고 지체 높은 아가씨들이 이름없는 자신에게 베푼 친절은 청년에게 용기와 힘을 주었다. 그 덕분에 기적과도 같은 일이 벌어져서 청년이 자신의 상대를 완전히 제압해 버렸다. 심하게 다친 상대는 한동안 말을 하거나 움직이지도 못할 지경이었다.

프레데릭 공작은 낯선 청년의 용기와 실력에 무척 놀랐다. 그는 청년을 자신의 휘하에 둘 생각으로 이름이 뭔지 어떤 가문 출신인지 물었다.

P. 158 젊은이는 자신의 이름은 올랜도며, 롤랜드 드 보이스 경의 막내아

들이라고 했다.

올랜도의 부친 롤랜드 드 보이스 경은 몇 년 전에 작고했는데, 생전에는 추방당한 대공의 충성스런 신하이며 가까운 친구였던 사람이었다. 사정이 이러니, 올랜도가 형의 친구 아들인 것을 알게 된 프레데릭은 용감한 청년을 칭찬하던 마음이 싹 달아나고 반대로 기분이 나빠졌다. 그는 심사가 뒤틀린 채 자리를 뜨고 말았다. 공작은 형을 따르던 사람들의 이름을 듣는 것만으로도 화가 치밀었다.

로잘린드는 올랜도의 부친이 자신의 아버지의 오랜 친구라는 말을 듣고 기뻐서 실리아에게 이렇게 말했다. "우리 아버지께서 롤랜드 경을 총애하셨어. 저 청년이 그분 아드님인 걸 내가 미리 알았더라면 시합 전에 눈물이라도 쏟으며 더 간절히 말렸을 거야."

아가씨들은 청년에게로 갔고, 공작이 갑작스럽게 불쾌한 심기를 보이는 바람에 당황한 청년을 위로하면서 다정하고 용기를 주는 말을 건넸다. 로잘린드는 자신의 목에서 목걸이를 풀어 주면서 말했다. "신사분, 저를 위해 이것을 목에 걸어 주세요. 저도 불행한 처지에 있는 사람이랍니다. 그렇지 않았다면 당신께 더 값진 선물을 드렸을 거예요."

P. 159 외롭게 살아온 올랜도는 아름다운 로잘린드의 친절에 그만 감격한 나머지 그녀를 가슴속 깊이 흠모하게 되었다.

2장

단둘이 있게 되자 실리아는 로잘린드에게 왜 그렇게 말이 없느냐고 물었다. "큰아버지 생각이 나서 그래?"

"딱히 그런 건 아냐." 로잘린드가 대답했다. "아, 평일의 세상은 왜 이리 가시덤불로 덮여 있을까?"

"언니, 그건 가시덤불이 아니라 휴일을 즐기던 언니 몸에 떨어진 밤송이 가시가 아닐까? 그런 건 매일 다니는 길에서도 옷에 달라붙기 마련이야."

"옷에 묻은 거라면 털어내면 그만이지만 마음에 박힌 가시는 어쩔 수가 없구나." 로잘린드가 말했다.

"그러지 말고, 자, 언니의 감정과 싸워 봐."

P. 160 "오, 내 감정이 나보다 더 잘 싸워."

"진지하게 말해 봐. 어떻게 그렇게 순식간에 롤랜드 경의 막내아들에게 마음을 빼앗길 수 있다는 거지?" 실리아가 물었다.

"우리 아버지께서 그이의 아버지를 매우 좋아하셨어."

"그렇다고 언니도 그 아들을 열렬히 사랑해야 한다는 거야? 그런 식의 논리라면 난 그 사람을 미워해야 한다는 거야? 우리 아버지는 그 사람 아버지를 몹시 미워하셨으니 말이야. 하지만 난 올랜도를 미워하지 않잖아."

이때 프레데릭 공작이 들어오는 바람에 이들의 대화가 끊겼다. 로잘린드의 미덕을 칭찬하고, 또 그녀의 선량한 아버지가 당한 일 때문에 로잘린드를 동정하는 사람들이 많았기 때문에 그렇지 않아도 공작은 오래 전부터 조카딸이 못마땅하던 차였다. 롤랜드 드 보이스 경의 아들을 보니 귀족 중에 추방당한 대공의 친구가 많다는 사실이 새삼 떠올랐고 그 때문에 조카딸에 대한 못된 마음이 갑작스레 불거져 나왔다. 프레데릭은 분노에 찬 얼굴로 로잘린드에게 당장 궁궐을 떠나라고 명령했다.

"제발 제가 무엇을 잘못했는지 알려 주세요." 로잘린드가 놀라 말했다. "저는 제 생각과 제 소원을 잘 알아요. 제가 지금 꿈을 꾸거나 미친 거라면 몰라도, 작은아버지, 저는 절대 전하를 거역할 생각조차 한 적이 없어요."

P. 161 "반역자들은 항상 그렇게 말하지. 선량함 그 자체처럼 저마다 죄지은 적이 없다고 하지. 난 널 안 믿어. 그거면 이유로 충분하다." 프레데릭 공작이 말했다.

"하지만 저를 의심하신다고 제가 반역자가 되는 건 아니에요. 왜 저를 의심하시게 됐는지 말씀해 주세요."

"너는 네 아버지의 딸이다. 그거면 충분하다."

"작은아버지께서 우리 아버지의 나라를 빼앗으셨을 때도 저는 아버지의 딸이었어요. 그리고 아버지를 추방하셨을 때도 저는 아버지의 딸이었고요. 하지만 그때는 저를 내쫓지 않으셨죠. 작은아버지, 반역은 유전되는 게 아니에요. 그리고 우리 아버지는 반역자가 아니에요!"

"아버지, 제 말씀 좀 들어보세요." 실리아가 나섰다.

"실리아, 내가 이 애를 남겨둔 건 너를 위해서였어." 공작이 말했다.

"그때 언니를 여기 남게 해달라고 한 건 제가 아니에요. 양심의 가책을 느낀 아버지의 결정이었어요. 저는 그때 너무 어려서 언니의 가치를 몰랐지만 지금은 알아요.

P. 162 언니가 반역자라면 저도 반역자예요. 우리는 같은 시간에 함께 자고 함께 일어나고, 같이 공부하고 놀았어요. 식사도 같이 했죠. 어디를 가거나 우리는 늘 함께 다녔고 절대 떨어지지 않았다고요."

"이 애는 네가 당해낼 수 없을 만큼 간교한 아이다. 어찌나 비위도 잘 맞추고 끈덕지고 말도 아끼는지 사람들이 다 그걸 보고 동정하잖니? 이 바보 같은 것아, 이 애가 네 명성을 빼앗고 있어. 이 애만 없다면 네가 더 총명하고 더 덕성스러워 보일 거다. 더 이상 아무 말 마라. 내가 이 아이에게 내린 선고는 돌이킬 수 없다. 추방이다." 공작은 이렇게 말하고 나가버렸다.

"우리가 헤어져야 해? 정말 그래야 해, 사랑하는 언니?" 실리아가 외쳤다. "아니, 차라리 아버지께 다른 후계자를 구하라고 하지 뭐. 난 언니와 함께 갈래. 어떻게 도망갈지, 어디로 갈지, 그리고 뭘 가지고 갈지 결정해야 해."

"이런, 어디로 간다는 말이야?" 로잘린드가 말했다.

"아덴 숲으로 가서 큰아버지를 찾아보자."

"맙소사! 우리 같은 젊은 여자들이 그렇게 멀리 여행하는 건 너무 위험해. 예쁜 여자는 황금보다도 더 도둑들을 자극하는 법이야."

"초라한 차림을 하고 얼굴은 숯으로 검게 칠하지 뭐.

P. 163 언니도 그렇게 해. 그러면 별문제 없이 여행할 수 있을 거야." 실리아가 말했다.

"그게 낫겠어. 나는 키가 크니까 남자 옷을 입을래. 허리에 도끼를 차고 손에는 멧돼지 잡는 창을 들고 말이야. 두려움은 가슴 속에 숨기고 겉으로는 용감한 전사의 흉내를 내는 거지. 용감한 척하는 겁쟁이들이 흔히 하듯이 말이야."

"언니가 남자가 되면 내가 언니를 뭐라고 부르지?" 실리아가 물었다.

"가니메데로 불러." 로잘린드가 대답했다. "네 이름은 뭐라고 할 건데?"

"더 이상 실리아라고 하지 않고 알리에나라고 할래. 이제 우리는 추방당하는 것이 아니라 자유를 찾아 기꺼이 떠나는 거야."

이렇게 두 사람은 돈과 보석을 챙겨 들고 변장을 한 채 그날 밤 궁궐을 몰래 빠져 나왔다.

3장

P. 164 아덴 숲은 공국의 국경 너머 멀리 떨어져 있었으므로 이들 어여쁜 처녀들은 길고 긴 여행을 해야 했다.

결국 이들이 숲에 다다르긴 했지만 더 이상은 길에서처럼 묵어갈 여관을 찾을 수가 없었다. 먹을 것과 쉴 곳이 아쉬워졌다. 그동안 항상 신나게 떠들어대고 즐거운 농담을 건네며 여동생 알리에나의 기분을 유쾌하게 해 주던 가니메데도 이제는 너무 지쳐 남자 옷을 입은 체면도 잊고 여자처럼 울고 싶은 마음을 인정할 수밖에 없었다. 알리에나도 더 이상은 못 걷겠다고 말했다. 이미 아덴 숲에 들어와 있긴 했지만 어딜 가야 대공을 찾을 수 있을지는 알 길이 없었다. 기진맥진한 두 아가씨의 여정은 여기서 불행한 최후를 맞게 될 것처럼 보였다. 길을 잃고 굶주려 죽을 위험에 처했기 때문이었다. 하지만 천만다행으로, 두 사람이 지쳐 죽을 지경으로 풀 위에 앉아 있을 때 한 목동이 그들 옆을 지나갔다. 가니메데는 다시 한번 남자처럼 호기 있는 목소리를 내어 그 목동에게 말을 건넸다.

"목동 양반, 이런 숲 속에서 인정이나 돈으로 쉴 곳을 얻을 수만 있다면, 제발 부탁하건대 우리를 그곳으로 데려다 주시오.

P. 165 여기 이 아가씨가, 내 누이인데 말이오, 여행으로 몹시 지친데다 허기가 져서 기절할 지경이라오."

지나가던 남자가 대답하기를, 자신은 양치기의 하인에 불과하며, 주인의 집은 팔려고 내놓은 상태라서 가봐야 별로 대접할 게 없지만, 그 정도라도 괜찮다면 기꺼이 모시고 가겠다고 했다. 두 사람은 남자를 따라나섰다. 이제는 살았다는 안도감에 없던 힘도 다시 나는 듯했다. 양치기의 집에서 허기를 달랜 두 사람은 자신들이 가지고 있던 금의 일부를 주고 양치기로부터 그 집과 양떼를 사기로 결정했다. 그리고 그 목동은 하인으로 고용했다. 이제 깔끔한 오두막집이 생기고 먹을 것이 충분해졌으므로, 대공이 숲의 어디에 살고 있는지 알아낼 때까지 편안히 지낼 수 있게 되었다.

둘은 점차 새로운 생활에 적응해갔고, 심지어는 양치기와 양치기 소녀로 변장하고 있는 것이 아니라 실제로 그렇게 된 듯한 느낌마저 들었다. 하지만 가니메데가 자신이 한때 공주였다는 사실과 그때 가슴 깊이 사랑하던 올랜도를 완전히 잊은 것은 아니었다.

P. 166 올랜도의 아버지 롤랜드 드 보이스 경은 세상을 떠나면서 (그때 올랜도는 매우 어렸기 때문에) 올랜도를 형 올리버에게 맡겼다. 롤랜드 경은 올리버에게 동생에게 훌륭한 교육을 시켜 신사신분에 어울리는 사람으로 잘 키우라고 당부했다. 하지만 올리버는 형의 도리를 다하지 않았다. 그는 아버지가 유언으로 남긴 명령을 묵살했다. 동생을 학교에 보내지 않았고, 집에 방치해서 무식하게 자라도록 했다. 하지만 올랜도는 천성으로 보나 고결한 성품으로 보나 훌륭한 아버지를 빼닮았다. 그래서 아무런 정규교육을 받지 못했음에도, 많은 비용을 들여 최고의 보살핌을 받고 자라난 어느 청년 못지않았다. 올리버는 잘생기고 품위 있는 동생을 시기하다 못해 결국 동생을 죽일 결심을 하게 되었다. 그래서 사람을 많이 죽인 전적이 있는 이름난 싸움꾼과 올랜도가 대결을 벌이도록, 사람들을 사주하여 동생을 설득한 것이었다. 올랜도가 로잘린드에게 친구 하나 없는 자신의 신세를 탓하며 죽고 싶다고 한 것은 바로 형의 이런 잔인한 홀대 때문이었다.

동생이 시합에서 이겼다는 말을 듣자 동생에 대한 시기와 증오가 더욱 거세진 올리버는 동생이 잘 때 방에다 불을 질러 버리겠다며 화를 냈다.

P. 167 이런 그의 맹세를 엿들은 사람이 있었으니 돌아가신 아버지에게 충성을 다했던 늙은 하인 아담이었다. 아담은 롤랜드 경을 닮은 올랜도에게 남다른 정을 느끼고 있었다. 늙은 하인은 올랜도에게 사악한 그의 형이 그날 밤 동생이 자는 방에 불을 질러 그를 죽이려 한다는 것을 알려 주면서 당장 도망치라고 권고했다. 올랜도가 돈 한 푼 없다는 걸 아는 아담은 자신이 모아 두었던 돈을 모두 꺼내 주며 말했다.

"저에게 500크라운이 있습니다. 제가 도련님 아버님 밑에서 일하면서 모은 전 재산입니다. 늙어서 더 이상 일을 못하게 될 때를 대비해 모아둔 거죠. 이 돈을 드리니 받으십시오. 저를 도련님의 하인으로 삼아 주세요. 비록 겉은 늙은이이지만 도련님께서 하시는 일이나 필요한 것을 위해서라면 젊은이 못지 않게 받들어 모시겠습니다."

올랜도는 늙은 하인의 희생에 감복해서 이렇게 말했다. "오, 선량한 노인이시여! 당신이 보여 주는 변함없는 충성은 요즘 세상에는 찾아보기 어려운 것이군요! 우리 함께 갑시다. 당신이 급료로 모은 이 소중한 돈이 바닥나기 전에 우리 둘이 살 방도를 찾아보겠습니다."

P. 168 충성스런 하인과 그의 주인은 이렇게 함께 길을 나섰고, 어디로 가야 할지 모른 채 계속 걷다가 아덴 숲에 이르게 되었다. 그곳에서 그들은 가니메데와 알리에나가 처했던 것과 마찬가지로 굶주려 죽을 곤경에 처하게 되었다. 그들은 숲 속을 헤매다 결국 허기와 피곤으로 더 이상 버틸 수 없게 되었다. 결국 아담이 말했다. "오, 도련님, 배고파 죽을 것 같습니다. 더는 한 발짝도 못 가겠습니다!" 이 말과 함께 그는 이 자리가 자신의 무덤이 될 거라며 드러누워 버렸다. 그리고 자신의 주인에게 작별을 고했다. 올랜도는 늙은 하인을 안아다 나무가 우거져 몸을 숨기고 있을 수 있는 곳으로 데려다 놓고 말했다. "힘을 내요, 아담. 지친 팔다리를 잠깐 쉬고 있어요. 그리고 죽겠다는 말은 말아요!"

먹을 것을 찾아 나선 올랜도는 우연히 대공이 사는 곳으로 오게 됐다. 대공과 그의 신하들이 커다란 나무 그늘이 드리워진 풀밭에 둘러앉아 막 식사를 시작하고 있었다.

올랜도는 허기 때문에 이런저런 생각을 할 겨를이 없었다. 그는 강제로 고기를 빼앗을 요량으로 칼을 빼들었다. 대공은 그에게, 곤궁한 처지 때문에 뻔뻔해진 것인지 아니면 원래 그렇게 예의를 모르는 무뢰한인지 물었다. 올랜도는 자신이 배고파 죽을 지경이라고 털어놓았다.

P. 169 대공은 그에게 합석해서 함께 먹어도 좋다고 했다. 대공의 친절한 말에 올랜도가 대답했다.

"부디, 용서하십시오. 저는 이런 숲에서는 모든 것들이 야만적일 줄 알았습니다. 그래서 저도 야만인 행세를 하고 말았습니다. 하지만 이런 황량한 곳 쓸쓸한 나무 아래 한가로이 시절을 보내시고 계시는 당신들이 누구신지는 모르겠으나, 만약 한때 행복하게 사셨던 분들이라면, 울려 퍼지는 교회 종소리를 들어보신 분들이라면, 귀인의 연회에 참석하신 적이 있다면, 눈가에 맺힌 눈물을 닦아보신 적이 있거나 동정을 하거나 동정을 받는 것이 어떤 것인지 아시는 분들이라면 제발 호의를 베푸셔서 저를 용서해 주십시오!

저는 낯뜨거운 마음으로 칼을 거두겠습니다."

대공이 대답했다. "당신 말대로 우리는 한때 호시절을 보냈고, 성스런 교회 종소리를 따라 교회에 다녔고, 귀인들과 함께 연회를 즐겼고, 연민이 불러 일으킨 눈물방울을 눈에서 닦아낸 적도 있소. 그러니 여기 앉아서 차려 놓은 음식은 뭐라도 좋으니 원하는 만큼 드시게나."

"불쌍한 노인이 한 명 있습니다." 올랜도가 말했다. "충성심 하나로 저를 따라 성치 않은 다리로 먼 길을 왔습니다.

P. 170 지금은 나이든 몸으로 허기까지 겹쳐 기진맥진해 있습니다. 그가 먹기 전에는 저도 단 한 입도 먹을 수가 없습니다."

"가서 그를 이리로 데려오게나. 자네가 돌아오기 전에는 우리도 먹지 않고 기다리겠네." 대공이 말했다.

올랜도는 사람들에게 고맙다고 하고 아담을 데리러 갔다.

"저 보게나. 우리만 불행한 건 아니지 않는가?" 대공이 신하들 중 젊은 나이에도 항상 울적해하는 자크라는 사람을 향해 말했다. "이 끝없이 광활한 극장은 우리가 연기하는 장면보다 더 서글픈 연극들도 많이 상연한다네."

자크가 그 말에 이렇게 대꾸했다. "이 세상 전체는 하나의 무대요, 모든 남자와 여자는 배우에 지나지 않죠. 나갈 때와 등장할 때가 있고 각각 주어진 시간 동안 여러 역을 연기하는데 연령에 따라 7막으로 나누어지죠. 제1막에서는 아기 역을 맡아 유모의 품에서 울고 토하기나 하죠. 제2막에서는 책가방을 들고 얼굴에 아침 햇살을 받으며 마지못해 달팽이처럼 늑장을 부리며 학교에 다닙니다. 제3막은 사랑에 빠져 용광로처럼 한숨을 쏟아내며 연인을 향해 구슬픈 세레나데를 부르지요. 제4막에서는 군인이 되어 요상한 맹세나 해대고 명예욕에 불타 걸핏하면 싸움질이나 하면서 거품과도 같은 명성이라면 대포 아가리에도 들어갑니다. 제5막에서는 뱃살이 두둑하고 쏘아보는 눈초리의 판사 역을 하는데, 유식한 격언들을 읊어대거나 최신 소식이라며 아는 척하죠.

P. 171 제6막에서는 말라빠진 늙은이로 등장해서 안경을 쓰고, 슬리퍼를 신고, 깡마른 다리에 비해 턱없이 큰 바지를 걸치고 다니죠. 한때 남자답고 우렁찼던 목소리는 다시 애들 목소리처럼 새된 소리를 내며 빽빽거립니다. 이 이상하고 파란만장한 이야기가 끝나는 마지막 막에서는 제2의 유년기랄

까, 이도 빠지고, 눈도 침침하고 맛도 느끼지 못하고 세상만사가 텅 빈 망각의 상태가 되는 겁니다."

자크의 길고 긴 푸념이 끝났을 때 올랜도가 아담을 안고 나타났다. 대공이 말했다. "자네의 충직한 하인을 내려놓고 음식을 먹이게. 자네 둘 모두를 환영하는 바이네." 사람들이 음식을 먹여 주고 기운을 내라고 위로하자 노인은 기력을 회복했다.

대공은 올랜도에게 누구냐고 물었고, 그가 자신의 오랜 친구인 롤랜드 드 보이스 경의 아들이란 걸 알게 되자 올랜도와 그의 늙은 하인을 자신의 휘하로 거두어 주었다.

4장

P. 172 가니메데는 올랜도가 멀리 떨어져 있다고 믿었지만, 얼마 지나지 않아 올랜도도 아덴 숲에 와 있다는 것을 알게 되었다. 오두막집을 사고 나서 얼마 안 되어 가니메데와 알리에나는 여기저기 나무마다 로잘린드라는 이름이 새겨져 있고 또 로잘린드에게 바치는 시가 꽂혀 있는 것을 보고 놀랐다. 이것이 어찌된 일일까 의아해하던 차에 올랜도와 마주치게 되었다. 그의 목에는 로잘린드가 걸어준 목걸이가 여전히 걸려 있었다.

올랜도는 가니메데가 바로 자신의 마음을 빼앗은 아름다운 로잘린드인 것을 알아보지 못했다. 그는 이 곱상하게 생긴 양치기 소년의 우아한 분위기가 마음에 들었다. 거기다 어쩐지 그의 모습에는 로잘린드가 연상되는 면이 있었다. 가니메데는 일부러, 소년에서 어른으로 넘어가는 중간단계에 있는 청년들에게서 흔히 볼 수 있는 시건방진 태도로 일관했다. 가니메데는 장난기 가득하고 익살스러운 말투로 상사병에 걸린 남자 이야기를 꺼냈다.

"어떤 남자가 숲을 돌아다니며 나무껍질에 로잘린드라는 이름을 새기는 바람에 어린 나무들이 망가지고 있어요.
P. 174 산사나무에는 송시를, 가시나무에는 애가를 매달아 놓았더라고요. 모두 그 로잘린드라는 여자를 찬양하는 것들이죠. 만약 내가 이 남자를 찾아내면 상사병에서 깨끗이 나을 수 있는 치료법을 알려줄 텐데 말이죠."

올랜도가 자신이 바로 그 남자라고 털어놓자 가니메데는 올랜도에게 치료법을 제안했다. 매일 자신과 여동생 알리에나가 살고 있는 오두막집으로 찾아오라는 것이었다. "그리고 나서 내가 로잘린드 흉내를 낼 테니 당신은 진짜 로잘린드에게 하는 것처럼 나에게 구애를 하는 척해요. 그러면 나는 아가씨들이 자신들을 좋아하는 남자들에게 하는 그 요상하고 변덕스런 행동을 그대로 흉내 낼 테니 말이오. 당신의 연애감정이 수치스럽게 여겨질 때까지 말이지요. 이 방법으로 내가 당신을 치료하는 겁니다."

올랜도는 가니메데의 치료법이 그다지 미덥진 않았지만 그의 오두막집으로 가서 그가 말한 대로 구애놀이를 해보겠다고 했다. 올랜도는 매일매일 가니메데와 알리에나를 방문해서 양치기 가니메데를 사랑하는 로잘린드라고 부르면서, 젊은 남자가 애인에게 구애할 때 쓰는 온갖 미사여구와 알랑거리는 칭찬들을 늘어놓았다. 하지만 가니메데의 치료법은 로잘린드를 향한 올랜도의 상사병에 전혀 효험을 보이지 않았다.

P. 175 올랜도는 비록 장난 삼아 응하긴 했지만 (가니메데가 로잘린드인 것은 꿈에도 모르고), 자신의 마음속에 묻어둔 사랑의 말들을 마음껏 입에 올릴 기회가 되었으므로 그 놀이를 즐기고 있었다. 이런 멋진 사랑의 고백들이 모두 당사자인 자신에게 제대로 전달되고 있다는 것을 아는 가니메데 역시 올랜도 못지 않게 즐거웠다.

이들 젊은이들은 이렇게 즐거운 나날을 보냈다. 대공이 숲 속 어디에 사는지 올랜도를 통해 이미 알게 됐는데도, 가니메데가 행복해하는 모습을 본 착하디 착한 알리에나는, 로잘린드 공주님이 아직도 아버지인 대공을 찾아 뵙지 않고 있다는 사실을 구태여 가니메데에게 일깨우지 않았다. 가니메데가 대공과 마주친 적이 없었던 것은 아니었다. 간단히 이야기도 나누었다. 그때 대공은 가니메데에게 어느 집안 출신이냐고 물었다. 가니메데는 대공 못지 않은 훌륭한 집안 출신이라고 대답했고 이 말을 들은 대공은 웃었다. 양치기 소년이 왕족일 리가 없다고 생각한 것이었다. 대공이 무사히 행복하게 잘 계신 것을 본 가니메데는 즐거운 마음으로 자초지종을 밝히는 것을 며칠 더 미루기로 했다.

P. 176 어느 날 아침, 올랜도가 가니메데의 집으로 가고 있자니 한 남자가 땅에 누워 잠들어 있는 것이 보였다. 커다란 초록색 뱀이 남자의 목을 휘감

고 있었다. 올랜도가 다가가자 뱀은 스스로 미끄러져 덤불 속으로 들어갔다. 더 가까이 가보니 암사자 한 마리가 머리를 땅에 대고 잔뜩 웅크리고 있었다. 잠든 남자가 깨기를 기다리며 고양이처럼 벼르고 있는 것이었다(사자는 죽거나 잠든 것은 잡아먹지 않는다는 말이 있다). 이 남자를 뱀과 사자의 위험으로부터 구해내기 위해 신의 섭리가 올랜도를 그곳으로 인도한 것 같은 상황이었다. 올랜도는 잠든 남자의 얼굴을 보고 그가 다름아닌 자신의 형 올리버인 것을 알았다. 자신에게 그토록 매정하게 대하고 불을 질러 죽여버리겠다고 협박까지 한 바로 그 올리버였다. 굶주린 사자에게 잡혀먹히도록 형을 그냥 놔두고 가버릴까 하는 생각도 들었다. 하지만 형제애와 그의 착한 심성이 곧 형에 대한 분노를 잠재웠고 올랜도는 칼을 뽑아 들고 암사자를 공격했다. 사자를 죽이고 형의 목숨을 구했지만 사자의 날카로운 발톱에 찢겨 한 팔에 상처를 입었다.

올랜도가 사자와 싸우는 동안 올리버가 잠에서 깼다.

P. 177 숲까지 따라와 죽일 작정이었던 동생 올랜도가 자신을 구하기 위해 목숨을 걸고 싸우는 것을 보았다. 부끄러워진 그는 뉘우침의 눈물을 뚝뚝 흘리며 자신이 저지른 나쁜 짓을 모두 용서해달라고 동생에게 빌었다. 올랜도는 형의 사과를 받고 기뻐하며 그를 용서해 주었다. 형제는 서로 얼싸안았고, 이후부터 올리버는 동생 올랜도를 진정한 형제애로 대하게 되었다.

팔에 입은 상처에서 피를 많이 흘렸기 때문에 올랜도가 가니메데의 집까지 가기에는 무리였다. 그래서 형에게 자기 대신 가니메데에게 가서 자신이 당한 사고소식을 전해달라고 했다.

그리하여 올리버가 가니메데와 알리에나에게 가서 올랜도가 자신의 생명을 구한 사정을 전해 주었다. 올리버는, 올랜도의 용감한 행동 덕분에 자신이 구사일생으로 살아났다는 이야기 끝에 자신이 바로 올랜도를 그토록 괴롭혀왔던 형이라고 고백한 뒤, 동생과 화해한 이야기도 해 주었다.

올리버가 자신의 과오를 절절히 뉘우치는 것을 본 마음씨 착한 알리에나는 깊은 감명을 받았고 감동한 나머지 순식간에 그를 사랑하게 되었다.

P. 178 자신을 애틋하게 여기는 알리에나를 보고 올리버도 마찬가지로 그녀에게 반하고 말았다. 사랑의 감정은 어느새 알리에나와 올리버의 심장을 녹이는 한편, 가니메데에게도 영향을 끼쳤다. 올랜도가 사자와 싸우다 다쳤

다는 말을 듣고 기절해 버린 것이다. 제정신이 들자 가니메데는 로잘린드 역할을 연기하며 기절하는 시늉을 한 거라고 둘러댔다.

가니메데는 올리버에게 "동생 올랜도에게 가서서 제가 기절하는 연기를 얼마나 잘했는지 전해 주세요."라고 말했다.

하지만 올리버는 가니메데의 창백한 안색을 보고 그가 진짜로 기절했던 것임을 눈치챘고, 젊은 남자가 그렇게 허약한 것이 의아하게 생각되어 이렇게 말했다. "맘을 단단히 먹고 좀 더 남자다운 역할을 하셔야겠소."

"안 그래도 그러고 있어요." 가니메데가 슬쩍 진심을 드러냈다. "하지만 사실은 전 여자역을 했어야 할 사람이에요."

올리버는 동생이 있는 곳으로 돌아가서, 올랜도가 다쳤다는 말을 듣고 가니메데가 기절했던 이야기를 들려 주었다. 그리고 자신이 아름다운 양치기 처녀 알리에나와 사랑에 빠졌으며 그녀도 마찬가지로 자신을 사랑하는 것 같다고 말했다. 알리에나와 결혼해서 숲에서 양치기로 살 거라면서 고향에 있는 영지와 저택은 올랜도에게 주겠다고 했다.

P. 179 "좋으실 대로 하세요." 올랜도가 말했다. "당장 내일 결혼식을 올리세요. 제가 대공님과 그 친구 분들을 초대할게요. 가서서 양치기 아가씨에게 청혼하세요. 지금 혼자 있을 테니까요. 왜냐면, 보세요, 그 오빠가 이리로 오고 있거든요."

올리버는 알리에나를 만나러 갔다. 그리고 올랜도가 저기 온다고 말했던 가니메데가 다친 올랜도를 살폈다. 올랜도는 자기가 형 올리버에게, 알리에나에게 청혼해서 바로 다음날 결혼하라고 했다고 말하면서, 자신도 같은 날 사랑하는 로잘린드와 결혼할 수 있다면 죽어도 여한이 없겠다고 말했다.

가니메데는 이 말을 듣고 몹시 행복했다. 가니메데는, 만약 올랜도가 로잘린드를 사랑하는 마음이 말뿐이 아니라 사실이라면, 그 소원이 이루어져 다음날 로잘린드가 나타나 흔쾌히 올랜도와 결혼해 줄 거라고 말했다. 겉보기에는 말도 안 되는 이 말은, 가니메데가 사실 로잘린드 공주였기 때문에 힘들이지 않고 벌일 수 있는 일이었다. 하지만 가니메데는 유명한 마술사였던 삼촌에게서 배운 마법으로 그 소원을 이루어줄 수 있다고 꾸며댔다.

P. 180 올랜도는 반신반의하면서도 가니메데에게 정말이냐고 물었다.

가니메데가 말했다. "내 목숨을 걸어도 좋아요, 당신은 가장 좋은 옷을 찾아 입고 대공님과 친구분들을 결혼식에 초대나 하시죠. 내일 로잘린드와 결혼하고 싶은 생각이 간절하면 그 아가씨께서 오실 거래도요."

5장

다음날 아침, 올리버와 알리에나가 대공 앞에 나왔고 두 사람과 함께 올랜도도 왔다. 모든 사람들이 합동결혼식을 축하하기 위해 모였다. 그런데 신부 중 한 사람만 나타났기 때문에 가니메데가 올랜도를 웃음거리로 만들고 있다고 여겼다.

대공은 올랜도에게 그 양치기 소년이 정말로 자신의 딸 로잘린드를 결혼식에 데려올 거라고 믿느냐고 물었다. 올랜도가 자신도 뭐가 뭔지 모르겠다고 대답하는 와중에 가니메데가 나타났다. 가니메데는 대공에게 로잘린드와 올랜도의 결혼을 승낙하시느냐고 물었다.

P. 181 "내 딸과 함께 내어줄 왕국이 지금 내게 여러 개 있다 해도 기꺼이 그러겠노라." 대공이 대답했다.

가니메데는 이번에는 올랜도에게 물었다. "그리고 내가 아가씨를 여기 모셔오면 그분과 결혼하겠다는 거죠?"

"내가 여러 왕국을 다스리는 왕이라 해도 결혼하겠소." 올랜도가 말했다.

이 말을 들은 가니메데와 알리에나는 함께 자리를 떴다. 가니메데가 입고 있던 남자 옷을 벗어 던지고 다시 여자 옷을 입으니 마법의 힘을 빌지 않고도 순식간에 로잘린드가 되었다. 그리고 알리에나도 시골 처녀의 옷을 자신의 화려한 옷으로 갈아입고 실리아 공주로 변신했다.

두 아가씨가 사라진 동안 대공은 올랜도에게, 가니메데가 어쩐지 자신의 딸 로잘린드와 매우 비슷하게 생긴 것 같다고 말했다. 올랜도는 자신도 둘이 닮은 점이 있는 것을 느꼈다고 대답했다.

이때 로잘린드와 실리아가 공주의 옷을 입은 채 등장했다.

P. 182 로잘린드는 아버지 앞에 무릎을 꿇고 축복을 빌어달라고 청했다. 홀연히 모습을 드러낸 로잘린드를 보고 모두들 정말 마법이 일어난 게 아닌가 하고 놀랐다. 로잘린드는 이제 아버지께 그동안 있었던 일을 모두 말씀

드렸다. 궁궐에서 쫓겨나 사촌 실리아를 누이동생 삼아 양치기 소년으로 숲속에서 살아온 이야기를 했다.

대공은 이미 허락한 결혼을 재차 승낙해 주었고, 올랜도와 로잘린드 그리고 올리버와 실리아는 한날한시에 부부가 되었다. 험한 숲 속에서 치러진 이들의 결혼식에 비록 왕족의 혼례에 흔히 있는 행렬이나 화려한 볼거리는 없었지만, 이보다 더 행복한 결혼식은 일찍이 찾아보기 어려웠다.

P. 183 결혼식 후 다들 상쾌하고 시원한 나무 그늘 아래 둘러앉아 사슴고기를 먹고 있을 때 뜻밖에 한 전령이 도착했다. 전령은, 대공이 다시 나라를 찾게 되었다는 반가운 소식을 전해 주었다.

반가운 소식이 있게 된 사정은 이러했다. 형을 몰아낸 공작은 딸 실리아가 도망간 것을 알고 격분했다. 게다가 쫓겨난 자신의 형을 찾아 매일 인재들이 숲으로 몰려 간다는 말을 듣고 형에 대한 시기심을 걷잡을 수 없었다. 그래서 공작은 대공과 그의 추종자를 모두 죽이기 위해 대규모의 군대를 이끌고 숲으로 향했다. 하지만 신의 놀라운 섭리로 인해 이 못된 동생이 사악한 마음을 버리고 개심하는 일이 일어났다. 공작이 막 숲에 접어들었을 때 한 나이 지긋한 구도자를 만나게 되었던 것이다. 은둔해서 도를 닦던 이 노인이 프레데릭 공작과 이야기를 나눈 결과 그가 패륜적인 계획을 버리고 개과천선하도록 이끌었다. 그 순간 이후 공작은 진심으로 뉘우치면서 자신이 찬탈했던 형의 공국을 포기하고, 여생을 수도원에서 보내기로 결심했다.

P. 184 그가 가장 먼저 한 일은 전령을 보내 자신의 형에게 공국을 반환하겠다는 뜻을 전한 것이었다.

이 즐겁고 놀라운 소식으로 결혼식의 흥이 한층 더 살아났다. 실리아는 사촌 로잘린드를 향해 큰아버지에게 그렇게 좋은 일이 일어난 것을 진심으로 축하해 주었다. 공국을 물려받을 사람은 더 이상 실리아가 아니라 로잘린드로 바뀌었을지 모르나, 이 두 사촌 자매가 서로를 아끼는 마음은 지극하기 이를 데 없어서, 실리아에게는 그 어떤 질투나 시기심도 없었다.

P. 185 대공은 이제 추방당한 자신을 보필하며 함께 있어준 진실한 친구들에게 적절한 보상을 해 줄 수 있게 되었다. 그리고 험난한 처지를 함께 이겨 온 충신들은 그들의 정통성 있는 대공이 다스리는 궁궐로 무사히 돌아가 풍족하게 살게 된 것을 크게 기뻐했다.

명작에서 찾은 생활영어

A MIDSUMMER NIGHT'S DREAM & OTHER STORIES
CHARLES AND MARY LAMB

티타니아는 오베론과 딱 마주쳤다.
Titania ran into Oberon.

요정나라 왕비 티타니아는 밤 산책을 나섰다가 남편인 오베론 왕과 맞닥뜨립니다. 둘은 자존심 문제로 한창 티격태격하는 중이었기 때문에 반가울 리가 없었죠. 이때의 상황을 표현한 위 문장에 …와 우연히 마주치다라는 뜻의 run into라는 표현이 등장하는 데요, 동사 run은 이처럼 특정 전치사나 부사와 결합해서 '달리다' 라는 의미에서 확대된 다양한 표현을 만든답니다.

Lysander now ran after another lady.
라이샌더는 이제 엉뚱한 여자의 꽁무니를 따라다니게 되었다.

Shylock learned that his daughter had run away with a Christian.
샤일록은 자신의 딸이 기독교인과 눈이 맞아 도망친 것을 알았다.

He suggested that they both run away from their parents' houses that night.
그는 그날 밤 각자 부모 집에서 도망치자고 제안했다.

He said that he would run through fire for her, and many other lovesick speeches.
그는 그녀를 위해서라면 불 속에라도 뛰어들겠다는 둥 여러 가지 사랑고백을 늘어놓았다.

run이 전치사나 부사와 함께 만드는 다양한 표현, 아래 dialog처럼 활용해 보세요.

A : I missed the beginning of the show. What's happened so far?

B : A girl goes missing, and the father thinks she has run away with a man he dislikes.

A : Um, missing people are often thought to have run away from home.

B : Yeah, but the detectives are trying to find out if the daughter's run into any danger.

A : 프로그램 시작을 놓쳤네. 지금까지 어떻게 진행됐어?
B : 젊은 여자가 실종됐는데 여자 아버지는 딸이 자기가 반대하는 남자와 도망쳤다고 생각해.
A : 음, 실종자들은 으레 가출한 걸로 생각되지.
B : 맞아, 하지만 형사들은 그 딸이 혹시 위험에 빠진 건 아닌지 수사하고 있어.

안토니오가 보증을 설 거요.
Antonio shall be guarantor.

유대인 샤일록에게 결혼자금을 대출받으러 간 밧사니오는 위에서처럼 (채무)보증인이 되다라는 뜻의 be guarantor를 사용하여 자신의 친구 안토니오가 빚보증을 설 것이라고 말합니다. 악덕 고리대금업자 샤일록과 선량한 상인 안토니오 사이에 맺어진 채무계약에서 비롯된 기막힌 사건을 다룬 「베니스의 상인」에는 대출, 이자, 위약금, 담보 등 금융활동에 관련된 유용한 표현들이 많이 나온답니다.

Bassanio asked Shylock for a loan of three thousand ducats.
밧사니오는 샤일록에게 3천 더커트를 대출해 달라고 했다.

If I miss the payment, you may easily collect the penalty.
내가 돈을 갚지 못하면, 당신은 당당히 위약금을 챙길 수 있소.

He said it would be possible to borrow the money on security of his ships.
그는 자신의 배들을 담보로 그 돈을 빌릴 수 있을 것이라고 했다.

Antonio would lend money to people in distress and would never charge interest.
안토니오는 형편이 어려운 사람들에게 돈을 빌려주면서 이자도 받지 않았다.

금융활동과 관련된 표현, 이제 아래 dialog처럼 실생활에 접목해 볼까요?

A : Welcome to our bank. How may I help you?

B : I'd like to ask for a loan of $5,000.

A : Would you take the loan on credit or on security? We charge higher interest for credit loans.

B : Is it possible to borrow the money on security of my deposit here?

A : Sure it is. I'll bring you an application to fill in.

A : 저희 은행에 잘 오셨습니다. 무엇을 도와 드릴까요?
B : 5,000달러 대출신청을 하고 싶은데요.
A : 신용대출로 하시겠어요, 담보대출로 하시겠어요? 신용대출의 경우 이자율이 더 높습니다.
B : 이 은행 예금을 담보로 그 액수를 대출받을 수 있나요?
A : 물론입니다. 작성하실 신청서를 가져다 드리겠습니다.

양고기나 쇠고기 1파운드가 더 값어치 있죠.
A pound of mutton or beef is worth more.

샤일록이 위약금으로 안토니오의 가슴살 1파운드를 요구하자 밧사니오는 대출계약을 없었던 일로 하자고 합니다. 그러자 샤일록은 사심 없이 그저 장난삼아 그러는 것뿐이라며 위와 같이 둘러대죠. 이때 등장하는 **형용사 worth + 일반명사(동명사)**는 **…의 가치가 있는(해볼 만한)**이라는 뜻을 만드는데요, worth의 쓰임새를 예문으로 좀 더 보실까요?

This is worth reading.
이거 읽어볼 만한데.

It was worth the trouble.
고생한 보람이 있었다.

The car is worth twenty thousand dollars.
그 차의 가격은 2만 달러이다.

A bird in the hand is worth two in the bush.
내 손안의 새 한 마리가 숲 속의 새 두 마리보다 낫다.
(현재 가지고 있는 것이 무엇보다 소중하다는 뜻의 속담)

The company is worth at least ten million dollars.
그 회사는 적어도 천만 달러의 자산가치가 있다.

worth를 활용한 유용한 표현들, 아래 dialog로 다시 볼까요?

A : I really enjoyed the cooking class.
B : Did you? Was it worth your time and trouble?
A : Yes. We did everything hands-on and learned a lot.
B : I know people now care about food more than ever, and I'm interested in home cooking too.
A : Why don't you take the class too? It'll be worth trying.

A : 그 요리 수업 정말 좋았어.
B : 그래? 시간 들여서 열심히 다닌 보람이 있었어?
A : 응. 모든 걸 직접 다 해보는 것이라서 많이 배웠어.
B : 사람들이 요즘 부쩍 음식에 신경 쓰는 것 같더라. 나도 집에서 요리해 먹는 것에 관심 있는데.
A : 너도 그 수업을 들어보지그래? 해보면 후회 안 할걸.

아무리 형편없는 서비스라도 감사를 받기 마련이오.
The poorest service is repaid with thanks.

페트루키오는 말괄량이 아내 캐서리나의 기를 꺾기 위해 실컷 굶기다가 보잘것없는 식사를 주면서 이렇게 생색을 냅니다. 위와 같은 페트루키오의 말 속에 중요한 표현이 나오는데요, 바로 the + 형용사 최상급 + 명사가 아무리 …일지라도 라는 뜻으로 쓰인 the poorest service(아무리 형편없는 서비스라도)가 그것이에요. 바로 형용사의 최상급을 활용한 양보구문이죠. 이때 the 앞에 even을 쓰면 양보의 뜻이 더 강해지는데요, 그럼 본문에 나온 표현과 예문들을 좀 더 살펴볼까요?

The wildest beast has a kinder heart than you.
아무리 사나운 짐승이라도 당신만큼 냉정하진 않겠어요.

Even the thirstiest man will not sip or touch one drop of it. 아무리 목마른 사람일지라도 그런 물은 단 한 방울도 마시거나 손을 담그려 하지 않을 거예요.

Even the prettiest woman looks terrible under this light. 아무리 예쁜 여자라도 이런 조명 아래서는 끔찍해 보인다.

Even the richest man in the world doesn't have more time than everyone else.
세상에 다시 없는 부자라도 주어진 시간은 남들과 똑같다.

최상급을 활용한 양보구문, 아래 dialog로 확실히 기억해 두기로 해요.

A : Jane just left the study group saying she didn't need us any more.

B : Wow, the most brazen person wouldn't say that.

A : We all felt very bad. And who knows? The time may come when she needs our help.

B : You're right. Even the smartest people have something to learn from others.

A : 제인이 더 이상은 우리가 필요 없다면서 스터디 그룹에서 그만 나가 버렸어.
B : 와, 아무리 뻔뻔한 사람도 그런 말은 하지 않겠다.
A : 우리 모두 속상했어. 누가 알겠어? 그 애가 우리 도움을 필요로 할 때가 올 수도 있잖아?
B : 맞아. 사람이 제아무리 똑똑해도 다 남에게 배울 게 있는 법이야.

제가 태어난 곳이 여기서 겨우 3시간 떨어진 곳이거든요.
I was born only three hours away from this place.

「십이야」에서 난파사고로 생면부지의 나라에 도착한 바이올라에게, 그 근처 출신인 선장은 자신이 잘 아는 곳이라며 그녀를 위로합니다. 선장의 말에서처럼, (…에서) ~만큼 떨어진이라는 표현은 **시간·거리 단위+away+(from)**으로 만들 수 있답니다. 시간이나 거리 단위 대신 상황에 맞는 명사를 사용하면 보다 다양하고 풍부한 표현을 할 수 있다는 것도 함께 알아두세요.

He is six months away from retirement.
그는 정년퇴직을 6개월 앞두고 있다.

The castle is 20km away from Paris.
그 성은 파리에서 20킬로미터 떨어진 곳에 있다.

Wait up! I'm only two pages away.
기다려! 나 2페이지만 더 읽으면 돼.

She lives two doors away from me.
그녀는 우리 집에서 두 집 건너에 산다.

The building is two bus stops away.
버스로 두 정류장 가면 그 빌딩이 나온다.

이제, 시간이나 거리상으로 얼마나 떨어져 있는지 쉽게 표현할 수 있겠죠? 아래 dialog처럼 친구와의 대화에도 활용해 보세요.

A : Things have gotten awfully hectic. You know we are only two weeks away from filming.

B : Relax. Everything will be alright. If you need any help, just ask me.

A : Thanks. It means a lot to me to know there are people who care.

B : Don't forget. My help is just a phone call away.

A : 눈코 뜰 새 없이 바빠졌어. 너도 알겠지만 촬영이 겨우 2주 남았잖아.
B : 침착해. 다 잘 될 거야. 도와줄 일이 있으면 언제라도 말해.
A : 고마워. 걱정해 주는 사람들이 있다고 생각하니 힘이 난다.
B : 잊지 마. 도움이 필요하면 전화 한 통이면 돼.

그녀가 네 명성을 빼앗고 있어.
She robs you of your name.

형을 몰아내고 대공이 된 프레데릭 공작이 조카딸 로잘린드까지 궁궐에서 쫓아낼 때, 이를 말리는 자신의 딸 실리아에게 한 말이에요. 국민들로부터 동정과 사랑을 받는 로잘린드 때문에 실리아가 빛을 잃는다는 뜻이죠. 이때 A에게서 B를 강탈하다 라는 뜻의 **rob A of B** 가 눈에 띄는데요, 빼앗다(없어지게 하다)의 의미를 가지는 동사는 전치사 of와 함께 이런 문형을 만드는 경우가 많아요. 그런 동사들을 예문으로 보실까요?

I will tell you how to rid yourself of acne.
여드름을 없앨 방법을 말해 줄게.

They deprived him of all his privileges.
그들은 그가 누렸던 모든 특권들을 박탈했다.

People cleared the mountain of its trees.
사람들은 그 산의 나무들을 모두 베어냈다.

The man cheated the old woman of her money.
그 남자가 할머니를 속여 돈을 뜯어냈다.

The government relieved small businesses of some tax burden.
정부는 소기업들의 세금 부담을 얼마간 감면해 주었다.

'동사+A+of+B'의 문형을 사용하여 다양한 표현을 할 수 있겠죠? 아래 dialog처럼요.

A : Now, when I rid myself of this one last thing to do, I am ready to take off!

B : Where are you going for your holidays?

A : Well, I haven't had much time to plan this out in detail. You know I'm a little slow at this kind of thing.

B : Why don't you take up a travel package? It will relieve you of all the bothering preparations.

A : 이제 마지막으로 이 일 하나만 끝내면, 난 떠날 수 있어!
B : 휴가를 어디서 보낼 건데?
A : 글쎄, 자세한 계획을 짤 시간이 없었어. 너도 알다시피 내가 이 방면에 좀 굼뜨잖아.
B : 여행 패키지 상품을 이용하는 게 어때? 그럼 귀찮게 준비할 일이 전혀 없잖아.

THE CLASSIC HOUSE

*offers
a wide range of world classics
in modern English.*

01 The Little Prince 어린 왕자
02 Fifty Famous Stories 50가지 재미있는 이야기
03 Aesop's Fables 이솝우화
04 The Great Gatsby 위대한 개츠비
05 Daddy-Long-Legs 키다리 아저씨
06 Pride and Prejudice 오만과 편견
07 O. Henry's Short Stories 오 헨리 단편집
08 Anne Frank: The Diary of a Young Girl 안네의 일기
09 The Scarlet Letter 주홍글씨
10 Jane Eyre 제인 에어
11 Animal Farm 동물농장
12 Tales from Shakespeare 셰익스피어 이야기
13 The Adventures of Tom Sawyer 톰 소여의 모험
14 E. A. Poe's Short Stories 포우 단편집
15 Wuthering Heights 폭풍의 언덕
16 Strait Is the Gate 좁은 문
17 The Adventures of Huckleberry Finn 허클베리 핀의 모험
18 Tolstoy's Short Stories 톨스토이 단편집
19 The Adventures of Sherlock Holmes 셜록 홈즈의 모험
20 Tess of the d'Urbervilles 테스
21 Sense and Sensibility 이성과 감성
22 The Phantom of the Opera 오페라의 유령
23 Dr. Jekyll and Mr. Hyde & Other Stories 지킬 박사와 하이드 씨 외
24 Gone with the Wind 바람과 함께 사라지다
25 Little Women 작은 아씨들

26	Les Miserables	레 미제라블
27	Great Expectations	위대한 유산
28	War and Peace	전쟁과 평화
29	A Midsummer Night's Dream & Other Stories 한여름 밤의 꿈 외	
30	The Sorrows of Young Werther	젊은 베르테르의 슬픔
31	Robinson Crusoe	로빈슨 크루소
32	Around the World in Eighty Days	80일간의 세계일주
33	The Necklace & Other Stories	목걸이 외
34	The Hunchback of Notre-Dame	노트르담의 꼽추
35	A Portrait of the Artist as a Young Man 젊은 예술가의 초상	
36	Don Quixote	돈키호테
37	The Notebooks of Malte Laurids Brigge	말테의 수기
38	Odyssey	오디세이
39	The Brothers Karamazov	카라마조프 가의 형제들
40	A Doll's House	인형의 집
41	A Woman's Life	여자의 일생
42	First Love & Mumu	첫사랑 & 무무
43	Sons and Lovers	아들과 연인
44	The Memoirs of Sherlock Holmes	셜록 홈즈의 회상록
45	The Autobiography of Benjamin Franklin 프랭클린 자서전	
46	A Christmas Carol & Other Stories	크리스마스 캐럴 외
47	Crime and Punishment	죄와 벌
48	Resurrection	부활
49	Greek and Roman Mythology	그리스 로마 신화
50	The Last Lesson & Other Stories	마지막 수업 외